ひろばブックス

「私、保育士辞めるのやめました！」

働き続けられる園づくり

木曽陽子 著

メイト

はじめに

本書を手に取ってくださり、ありがとうございます。この本は、保育・幼児教育の仕事に誇りとやりがいを感じ、この仕事を続けたいと思っている保育者が、自分を犠牲にすることなく、働き続けられる園が増えることを願って執筆・編集したものです。

現実には、保育者の一斉退職によって保育が立ち行かなくなる園や、保育者が足りないために子どもを受け入れられない園があったりと、保育者として働きにくい状況が報じられています。また、現場で働く保育者からは「仕事は好きだけど、このままずっと働き続けられるとは思えない」、保育者養成校で学ぶ学生たちも「実習でやりがいを感じたけれど、大変さも痛感して、こんな待遇では就職したいと思えない」など、保育の仕事のよさを感じても、保育者になることをあきらめてしまう声が聞こえてきます。

筆者も様々な形で保育現場と関わる中で、志半ばで辞めていく保育者に何度も会いました。同時に、信頼できる保育者に出会えたのに、その保育者が辞めてしまうことで、不安になる子どもや保護者にも出会ってきました。

一方で、ゆとりのない環境の中で保育者がイライラしているこ

とを感じとり、子どもや保護者が自分を表現できなくなっていることもあります。また、保育者同士がいがみあったり、保育者と保護者が対立したりする中で、子どもがその間にはさまれていることもあります。

　こうした状況から、子どもが幸せであるためには、まず子どもに関わる大人が幸せであることが重要だと強く感じてきました。保育者が幸せに日々を過ごせること、すべての園が保育者自身の幸せを保障すること、それらは子どもたちの幸せにつながっていきます。

　保育者は、一人ひとり立場も置かれている状況も考え方や感じ方も「違う」人間です。だからこそ、対立や分断ではなく、その違いを生かしてともに手を取りあって働き続けられる園をつくっていく。本書によってそうしたことのお手伝いができればうれしいです。

　また、子どもを支えるすべての大人たちが、誇りをもって日々働ける社会が実現することを切に願います。本書では、各園でできる対応を中心に取りあげていますが、これらのことがどの園でも等しく可能となるように、社会のあり方そのものを見直すことも考えていきたいです。

木曽陽子

もくじ

第4章

第5章

労務の視点から

働く環境をチェック！

労務監修（P.6〜12）
林ひな子（社会保険労務士法人ゼウス 代表）

まずは労務の視点で園の現状を把握しよう！

保育の現場でありがちな働き方について、法律では実際どう解釈されるのか、改めて確認してみましょう！ 労務の視点から、「時間管理」「残業・早出」「持ち帰り仕事」「年次有給休暇（※以降、有給休暇と表記）」「妊娠・出産・介護など」について、園の現状を振り返ることができるチェックリストを作成しました。まずは現状を把握し、働きやすい環境になっているか、もしくは、働く環境として望ましくない状況であれば改善点はどこなのかを確認しましょう。あなたの園に当てはまる項目をチェックしてみてください。

Check!

1. 始業・終業の時刻を客観的に記録するしくみ（タイムカードや勤怠管理システムなど）がない ☐
2. 退勤予定時刻にタイムカードを打刻したあと、サービス残業をしている ☐
3. シフトの勤務開始時刻の30分前に園に来ることが当たり前 ☐
4. 業務が終わらないので、持ち帰り仕事をしている ☐
5. 勤務終了時刻の1時間前からを休憩時間として設定し、保育者が早く帰れるようにしている（18：00までの勤務予定の場合、17：00からを休憩時間として17：00に保育者が帰宅する） ☐
6. 休憩は、保育室で子どもたちの午睡の様子を見ながらとっている ☐
7. 保育者から請求していないのに、欠勤した日を有給休暇扱いにしている ☐
8. パート職員は有給休暇をとることができない ☐
9. 育児休業をとれない雰囲気があり、妊娠したら退職する慣習がある ☐
10. 職員の年齢・結婚歴などを踏まえ、園側が妊娠の順番を決めている ☐

あなたの園のチェックの数は？

0個

働く環境として、園側と職員が協力して改善へと取り組まれているようですね。1章からの本文を参考に、さらに働きやすい園づくりに取り組んでいきましょう！

1〜3個

ある程度意識的に職場環境を整えていますね。まだ不完全な部分があるようですので、できるところから改善を進めていきましょう。

4個以上

働く環境として、法律違反の項目が多く望ましくない状態です。次ページからの解説文や本文を参考に、早急に環境改善を図りましょう。

＼ わかりやすく解説！ ／

知っておきたい労務のあれこれ

チェックリストであげた項目について、順に解説していきます。

ただし、働きやすい職場づくりという面では、法的な権利の主張だけでは園側と保育者側がぎくしゃくしてしまいます。お互いに正しい法律の知識をもった上で尊重し、園に関わる者同士話しあいながら、ともによい環境をつくっていけるといいですね。

△ ケースによって判断が異なる　✕ 法的にNG！

時間管理

1 始業・終業の時刻を客観的に記録するしくみ（タイムカードや勤怠管理システムなど）がない　✕

「時間管理」は基本中の基本！

労働基準法では、使用者（園）に労働時間を適正に把握することを求めています。これは、給与計算や管理のためだけではなく、労働時間を正確に把握することが、健全な労働の第一歩でもあるからです。労働時間をきちんと把握することで、一部の職員に仕事量の偏りがないかや、長時間労働で心身に影響を及ぼす恐れがないかなどを推し量り、改善することができます。

客観的な労働に関する時刻の把握は、園のリスク管理としても大切

もしも、残業代の支払いなどで弁護士等を通じて園と保育者が争うことになった場合、ハンコを押すだけなどのアナログな管理しかおこなっていなければ、園が保育者の勤務実績を立証するための客観的な証拠がないということになります。このため園のリスク管理としても大切です。

客観的な方法で労働時間を把握しよう！

勤務の開始時刻・終了時刻・休憩時間を客観的に記録するしくみを整えましょう。保育の現場では、ノートに手書きで書きこんだり、ハンコを押すだけのような管理方法をとっているところもまだまだありますが、これらはおすすめできません。タイムカードや勤怠管理システムなどを使用して、客観的な方法で労働時間を管理することが求められます。

次ページを確認

「労働時間」とは？

法的には、「労働者が使用者の指揮監督の下にある時間」のことを言います。指揮命令下にあるかないかが、その判断基準となりますが、一般的には少しわかりづらい部分です。具体的な例をあげて、次のページで紹介します。

※ P.6-12は、2024年11月時点の法律に基づき、ページを作成しています。

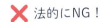

残業・早出

❷ 退勤予定時刻にタイムカードを打刻したあと、サービス残業をしている　△

❸ シフトの勤務開始時刻の30分前に園に来ることが当たり前　△

「労働時間」なのかどうかで判断が分かれる

❷❸が法的に問題になるかどうかは、その時間が「労働時間」とみなされるかどうかで判断が変わってきます。労働時間かどうかは、その時間が、「指揮命令下」にあるかないかで判断されます。つまり、使用者である園側が「この仕事をやってください」「この時間まで作業をしてください」と指示を出している時間は基本的に労働時間になり、時間外手当を支払う必要があります。

ただし、明確に指示を出していなかったとしても、「黙示的な指示」とみなされれば労働時間と判断されます。個別のケースで、どういった場合に「指揮命令下にある＝労働時間」と認められるのか、確認してみましょう。

これって労働時間？

❷ Case 2

保育者が、指示された業務をおこなうために、園長や理事長の目の前でサービス残業をしている場合

↓

指揮命令下にある　残業（労働時間）

目の前で保育者が作業をしているのですから、園側はその行為を容認していると判断され、労働時間とみなされます。また、保育者が指示された業務をおこなうために、隠れてこっそりサービス残業をしていたとしても、それを園側が知っていて放置していた場合は、黙示的な指示にあたるとみなされ、労働時間と判断される可能性が高くなります。

❷ Case 1

保育者が、園として必要性のない業務をおこなうためにサービス残業をしており、園長や理事長が注意してもそれをやめない場合

↓

指揮命令下にない　残業（労働時間）ではない

労働時間とは言えません。むしろ、保育者の問題行動としてとらえられてしまうこともあります。

まずは話しあいをして、園としてその日におこなう必要がない業務であれば残って作業しなくてもよいことを伝えましょう。一方、保育者がその業務の必要性を感じており、園としてもそれを認められると判断した場合には、申請した上で残業するようなしくみづくりをしましょう。

❷ Case 3

園長や理事長から「残業はしないで」と言われているが、指示された業務が、残業をしなければ到底期日までに終わらないため、保育者がサービス残業をしている場合

↓

指揮命令下にある　残業（労働時間）

「残業はしないで」と指示していたとしても、業務量や期日がそれに見合っていない場合は、指揮命令下にあるとみなされる場合があり、その場合には労働時間と判断される可能性が高くなります。園全体、各職員の業務量やスケジュール設定の見直しが必要です。

関連ページ
「業務負担を軽減しよう」（P.46）も併せてCheck!

3 Case 1

勤務開始時刻の30分前に来て、掃除や保育の準備をするのが暗黙のルール。15分前に来ると、園長や理事長から「なぜ30分前に来ないのか」と叱られる

指揮命令下にある　労働時間

「なぜ30分前に来ないのか」を管理者から指摘されるのは、「30分前には来てください」と指示されているということ。指揮命令下にあるので労働時間となります。30分の早出でおこなっている保育の準備や掃除が、もし本当にその時間におこなうべき業務で人員が必要なのであれば、そもそもの業務開始時刻の設定を見直すべきです。

3 Case 2

早めに来るほうが安心できるので、勤務開始時刻の30分前に来ている人が多い。業務開始時刻の何分前に来るかは個人の自由

指揮命令下にない　労働時間ではない

勤務開始時刻の30分前に出勤していて、それが園側の指示ではなく、完全に個人の裁量に任されている場合は、労働時間とはなりません。ただし、園側が早く来ることを要求していると誤解されないように、保育者には業務開始時刻に間に合う範囲で出勤するよう適宜伝えましょう。

持ち帰り仕事

4 業務が終わらないので、持ち帰り仕事をしている ×

持ち帰り仕事は禁止するべき

保育の世界では持ち帰り仕事がまだまだ当たり前の雰囲気がありますが、全面的に禁止するべきです。理由は二つあり、一つ目は、個人情報の漏洩《ろうえい》につながりかねないため。たとえ個人情報に関わらない業務であったとしても、P.7で示した時間管理ができていないことが二つ目の問題になります。

もしもそれがどうしても必要な業務なのであれば、右に記したようなテレワークのルールを園が整え、時間管理ができる状態でおこなうことはできます。しかしながら、果たしてそこまでして持ち帰り仕事をする必要があるでしょうか。園内で残業するか、そもそも残業の必要がなくなるよう、ノンコンタクトタイムの導入や業務のスリム化などに取り組むことをおすすめします。

テレワークをおこなうための ルールの例

- 通信費や光熱費などの費用負担の扱いをどうするのか、あらかじめ取り決めておく
- 業務内容やかかる時間を事前に上司に申請する
- 業務の開始・終了時に、メールや電話で上司に連絡する
- 次の日に報告書を提出し、残業申請をする
- 個人情報の持ち出しは禁止

など

もっと知りたい！

自治体の監査でOKなら問題ない？

一般的な自治体の監査は、書類の整備を中心におこなわれます。実際の業務量の多さや、時間管理、残業代の支払いが適正かどうかについて指摘されることはありません。

これらは、労働基準法に係ることで、労働基準監督署の管轄になります。そのため、自治体の監査をクリアしていても、労働基準監督署から指導や是正勧告、保育者が訴え出て訴訟になってしまう場合もあります。訴訟になると、残業代が適正に支払われていなかった場合、本来支払うはずだった未払い賃金に加え、裁判所から「付加金」の支払いを命じられる場合もあります。また、訴訟の事件名に園の名前が付けられます。こうした事態に陥らないよう、適正な時間管理をはじめとする法令遵守に取り組みましょう。

休憩

5 勤務終了時刻の１時間前からを休憩時間として設定し、保育者が早く帰れるようにしている

（18：00までの勤務予定の場合、17：00からを休憩時間として17：00に保育者が帰宅する）

6 休憩は、保育室で子どもたちの午睡の様子を見ながらとっている

「休憩」は労働時間の間にとるもの

5のような体制をとっている園は、「保育者を早く帰らせてあげたい」といった親切心や、保育者からの要望にこたえる形で導入しているケースが多いようです。

しかし、労働基準法では、休憩時間は労働時間の間にとらなくてはいけないと定められています。そのため、5のように、休憩時間を終業時刻に接続させるような取り方は法律違反になってしまいます。

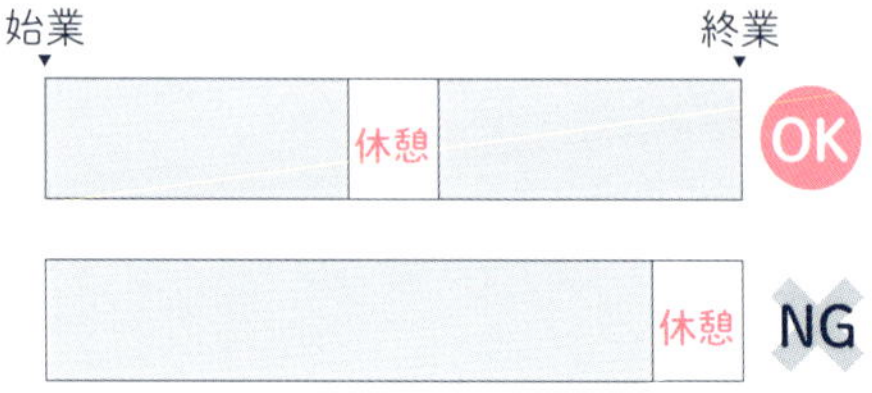

少しずつでも休憩をとる習慣を作り、休憩を確保しよう

法律的には、１日６時間以上働く人には45分、８時間働く人には１時間の休憩が必要です。現実的に、いきなり１時間の休憩を確保するのがむずかしい場合は、まずは15分刻みなど細切れでもいいので、子どもからはなれる休憩時間を確保しましょう。トータルで既定の休憩時間がとれるようにしてみてください。どうしたら休憩がとれるようになるか現場の保育者と話しあいながら少しずつ時間を伸ばしていき、休憩でリフレッシュするしくみを整えていきましょう。

「休憩時間」なのか「手待ち時間」なのか

法律上休憩時間は、実質的に労働から解放され、自由に利用することが保障されているものと定められています。6の状況は、何かあったときの対応を求められると考えられるので、自由に利用できる時間ではなく、休憩時間とは言えません。これと同様に、来客対応や、電話番をしている場合も休憩時間とはみなされず、こうした時間を「手待ち時間」と呼び、労働時間とみなされます。

もっと知りたい！

お泊り保育の落とし穴

割増条件	割増率
時間外労働	25％以上
深夜労働	25％以上
時間外労働＋深夜労働	50％以上

見落とされがちなものとして、お泊り保育の残業代があります。22：00～5：00までは、深夜残業となり、深夜割増は25％、時間外にあたる場合は、時間外割増と深夜割増を合計した50％の残業代を支払うことになります。お泊り保育の際、保育者が交代制で子どもとはなれて休憩をとっている場合は休憩時間となりうるのですが、子どもの様子を見て対応が必要な場合は手待ち時間として労働時間扱いになり、割増した残業時間分の残業代の支払い義務が生じる場合があります。

有給休暇

7 保育者から請求していないのに、欠勤した日を有給休暇扱いにしている ✕

8 パート職員は有給休暇をとることができない ✕

雇用形態に関わらず、有給休暇はある

有給休暇は、要件さえ満たしていれば、雇用形態に関係なく付与されます。付与される条件は、6か月以上継続的に勤務していること、全労働日の8割以上出勤していることです。また、有給休暇が10日以上付与されている場合は、そのうちの5日間は必ず取得させなくてはなりません。1年間で5日有給休暇を使っていない職員には、園から時季を指定して有給休暇を取得してもらうようにする義務があります。5日以上取得済みの場合は、時季指定は不要です。

有給休暇は、本人の請求が基本

7のケースでは、園長などが「有給休暇扱いにしないと給料が減ってしまう」と保育者を気づかってしてしまうことがあるようです。しかし、有給休暇とするかは、労働者本人が請求して決めること。気づかいからであっても、本人に無断であててはいけません。「保育者が遠慮して請求ができないのでは」と感じた場合は、管理者の方から請求希望がないか声を掛け、コミュニケーションをとるようにしましょう。

妊娠・出産・介護など

9 育児休業をとれない雰囲気があり、妊娠したら退職する慣習がある △

10 職員の年齢・結婚歴などを踏まえ、園側が妊娠の順番を決めている ✕

妊娠・出産などについては慎重な言動と対応をするべき

保育者が出産等で休業するとなれば、園側としては人員を確保する必要があります。しかし、10のような行為は私的なことに過度に立ち入る「個の侵害」にあたる可能性も出てきます。ましてや、「なぜこのタイミングで妊娠したの！」などと責めるようなことがあれば、ハラスメントになる可能性が高まります。私的な話を聞く場合必要な範囲で、労働者に配慮することを目的とし、「言いたくなければいいけど、こちらで配慮すべきことがあれば知っておきたい」という姿勢が大切です。

育児や介護との両立支援が必要

2022年に育児・介護休業法が改正され、育児休業や介護休業を取得しやすい環境を整備することや、制度の周知や意向の確認をおこなうことが義務づけられました。9に関しては、単に、今まで育児休業の取得実績がないというだけであれば法的に問題があるわけではありませんが、育児休業を取得し復帰して長く働ける環境づくりには早急に取り組む必要があります。休業を希望する職員と、面談シートなどを活用して話しあいをしましょう。なお、今後も改正が予定されています。

さらに！

見過ごされがちなケースを確認しよう！

次にあげる６つの例は、園の労務管理で見逃されることが多い項目です。
思わぬところで法律違反になっていることもありますので、確認してみましょう。

就業規則を、職員がいつでも見られるようにしておく必要がある

就業規則は「職場のルールブック」。法的にも職員に周知する義務があります。職員室に置いておく、共通のドライブに入れておくなど、保育者がいつでも見られるようにしておきましょう。保育者も就業規則を見て公平な職場であると安心し、納得感をもって働くことができます。

割増賃金（残業・休日出勤など）の計算には処遇改善加算分も組み込まなくてはならない

割増賃金の計算単価には、家族手当・通勤手当・住宅手当など算入の必要のない手当があらかじめ定められており、割増賃金の単価計算から除外されます。一方で、これらの除外項目に当てはまらない処遇改善加算分に関する手当などについては、計算単価に算入しなければなりませんが、この部分を見落としているケースがよくあります。

※算入の必要のない手当は名称ではなく内容で判断されます。

採用時には、「労働条件通知書」を発行しなければならない

労働条件通知書とは、労働契約の期間、場所、業務内容、何時から何時まで仕事をするか、基本給や手当がいくらなのかなどの労働条件が記されたもので、労働契約書と呼んでいる園もあります。園側は採用時に労働条件通知書を必ず保育者に発行し、その内容を保育者に説明しましょう。

有期雇用の職員の更新時に、次の働き方について特に説明や相談がないまま更新するのは×

有期雇用の保育者に対して、更新の有無や次の働き方があいまいな状況は望ましくありません。更新時期の３か月以上前を目安に説明の上、更新をしましょう。その際、無期転換のタイミングを意識しながら、次回の更新の際の更新の有無、更新しない場合はその理由、本人の更新の意向を話しあい、文書にして取り交わしましょう。

労働者の代表は、民主的な方法で選ぶ必要がある

園は、36 協定の締結のために労働者の代表を選ぶ必要がありますが、その方法は、選挙や挙手など、民主的なものでなくてはいけません。「うちの園ではいつも主任にお願いしているから」など、園側が指名したり、一方的に決めている場合は、選任方法を見直す必要があります。

ハラスメント窓口を周知し、機能するようにしておく

2022 年４月から、職場におけるハラスメント防止対策が義務化されました。園は相談窓口を設置し、その存在を周知しなくてはなりません。また、ハラスメント相談窓口の担当を、園長だけなど１人にするのは避け、複数人で担い、相談しやすい体制にしましょう。ハラスメント相談窓口は、会議の場やポスターなどで、全職員に周知します。

第1章

保育者の離職の現状と課題

保育者の離職について、基本的な情報を改めて確認します。
その上で、なぜ今「働きやすい園づくり」を
進めていく必要があるのかを考えていきましょう。

なぜ保育者は不足しているのか

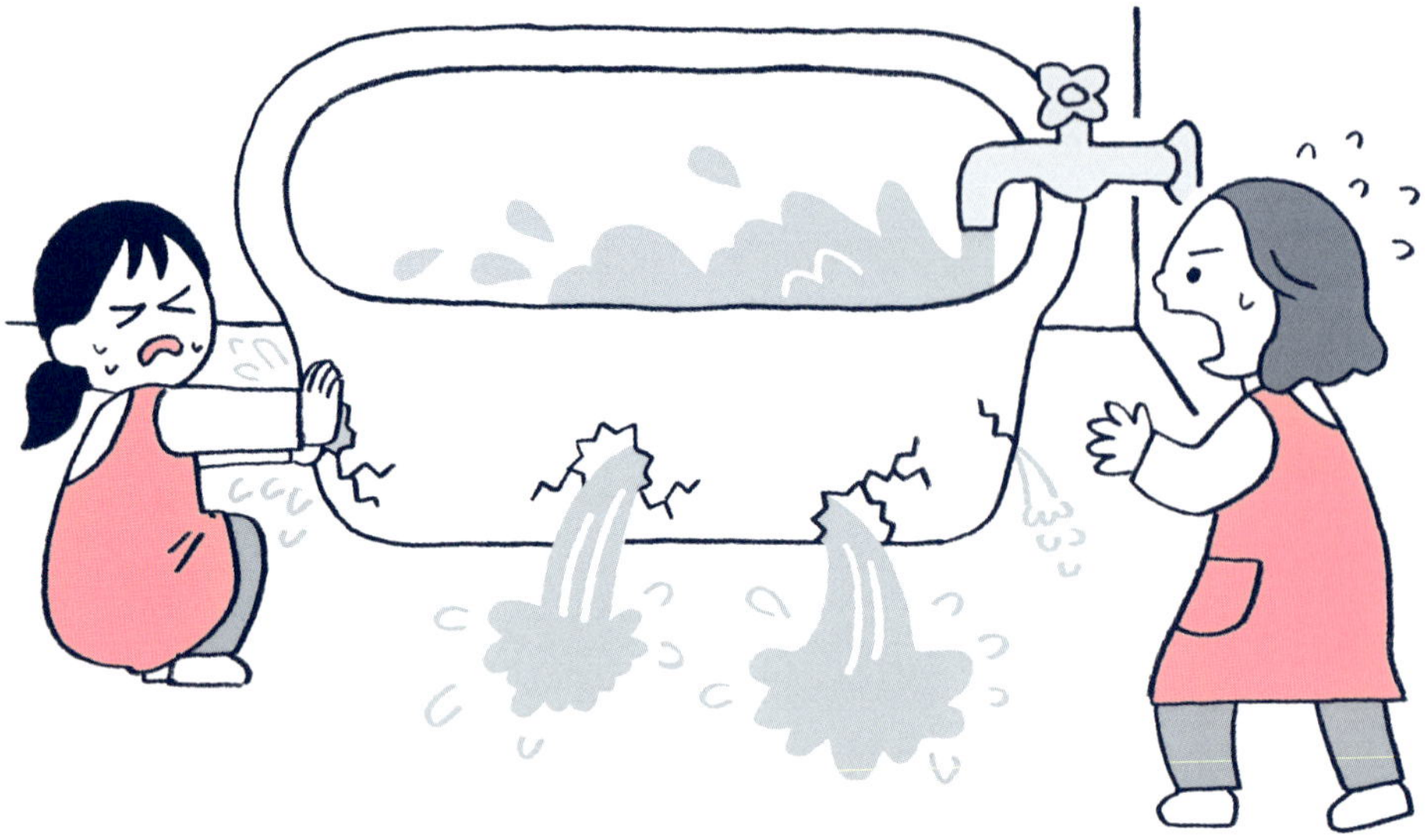

潜在保育士と早期離職がカギ

近年、保育需要の高まりに伴い、保育者不足が問題となっています。保育士の有効求人倍率[*1]は、2024年1月時点で3・54倍と、ここ数年約3倍の状態が続いています。全職種平均は1・35倍ですから、高い水準です。いったい、なぜ保育者が足りないのでしょうか？　その要因は、大きく次の2点。①潜在保育士と②保育者の早期離職です。

国の調査[*2]によると、2020年の時点で、保育士資格登録者数は約167万人となっています。そのうち社会福祉施設等で従事していない保育士、いわゆる潜在保育士が約102万人と試算されており、**保育士資格をもっていても6割ほどの人は保育者として働いていない**のです。この潜在保育士の多さが、保育者不足の背景の一つといえます。

潜在保育士対策以上に、そもそも保育現場に就職した保育者が、早期に辞めてしまうことへの対策が急務です。なぜなら、「穴の開いた浴槽にどれだけ湯を注いでも湯がたまらない」[*3]ように、**離職が多い保育現場にどれだけ新しい保育者を採用しても、保育者不足は解消されない**からです。

＊1　こども家庭庁（2024）「保育士有効求人倍率の推移（R6・1）」
＊2　厚生労働省（2023）「令和4年版厚生労働白書」
＊3　大嶽広展（2017）「働き続けたい保育園づくり―保育士の定着率を高める職場マネジメント」労働調査会

「働きやすい園づくり」こそ、保育者不足を解消する道！

保育者が働きたくなる園になろう！

では、保育士資格をもつ人に保育現場で働きたいと思ってもらい、早期離職せずに働き続けてもらうにはどうしたらいいのでしょうか。

保育士資格を取った人、**保育現場に就職した人は、少なからず保育という仕事に魅力を感じ、そこで働きたいという思いをもっていたはず**です。そうした人が、保育実習で実際の労働環境を知って保育者の道を断念したり、保育現場の中で追い詰められたり、生活とのバランスがとれず辞めざるをえなくなったりすることをできるだけ減らしたい。それが本書の願いです。

そのためには、**「保育者として働き続けたい！」と思える職場環境を用意することが必要です**。実際、様々な工夫をすることで、離職者が減った園が実在します。そうした園では、保育者集めに苦労することがなくなり、園の保育の質向上にも力を注げるようになっています。各園ができることからやっていくことで、保育者が働き続けやすい園づくりを進めていきましょう。

早期離職はどのくらいある？

保育者の離職率はそう高いわけではない

保育所に勤務する**常勤保育士の2020年の離職率は8・4%**であり、勤務者が40万人を超える中では**必ずしも高くないと**報告されています。[*4]

保育施設に新卒で就職した者のうち、半年以内で離職した者の割合は、2021年度分で6・8%（民営のみでは8・1%）です。[*5] 同様に2017年度から2020年度分も算出すると、6〜8%（民営のみでは7〜10%）の間を推移しており、年々上昇しているというわけでもありません。ただ、公営よりも民営の離職率が高い傾向が一貫して見られます。

筆者が大阪府内の私立保育施設を対象におこなった調査[*6]では、**過去3年間に「在籍3年未満の保育者が離職した経験がある」と回答した施設は8割**にのぼっており、多くの保育施設で保育者の早期離職は珍しいものではないことがわかります。ただ、単年度ごとに見ると、早期離職がある園は半数になり、その場合にも多くが「1名」という回答で、どの園でもたくさん辞めてしまうわけではないようです。

＊4　厚生労働省（2023）「令和4年版厚生労働白書」
＊5　厚生労働省（2021）「社会福祉施設等調査」
＊6　木曽陽子（2024）「保育士の早期離職を防止する園内体制の検討」大阪公立大学出版会

過去3年間の早期離職の有無[*6]

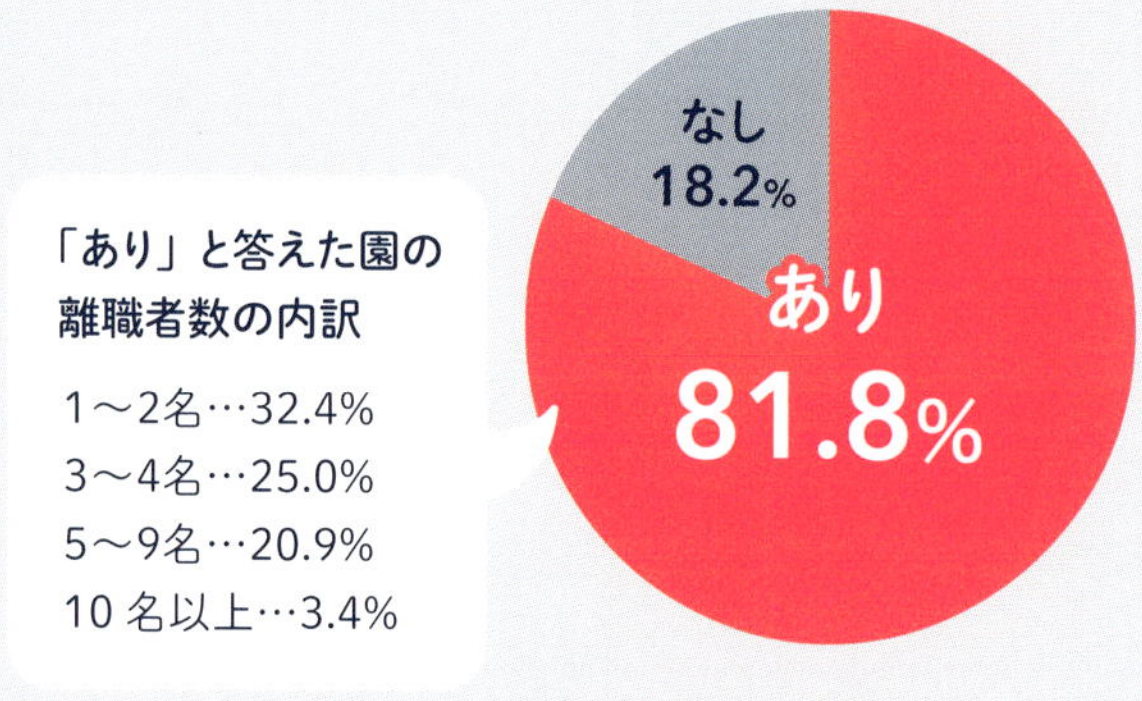

8割の園が早期離職を経験している

過去３年間で早期離職があった園は約８割にのぼりますが、内訳を見ると、約半数の園は１年あたり１名ほど。ただ、一部の園では10名以上の大量離職もあり、園によってばらつきがあることがわかります。

保育者の平均勤続年数は？

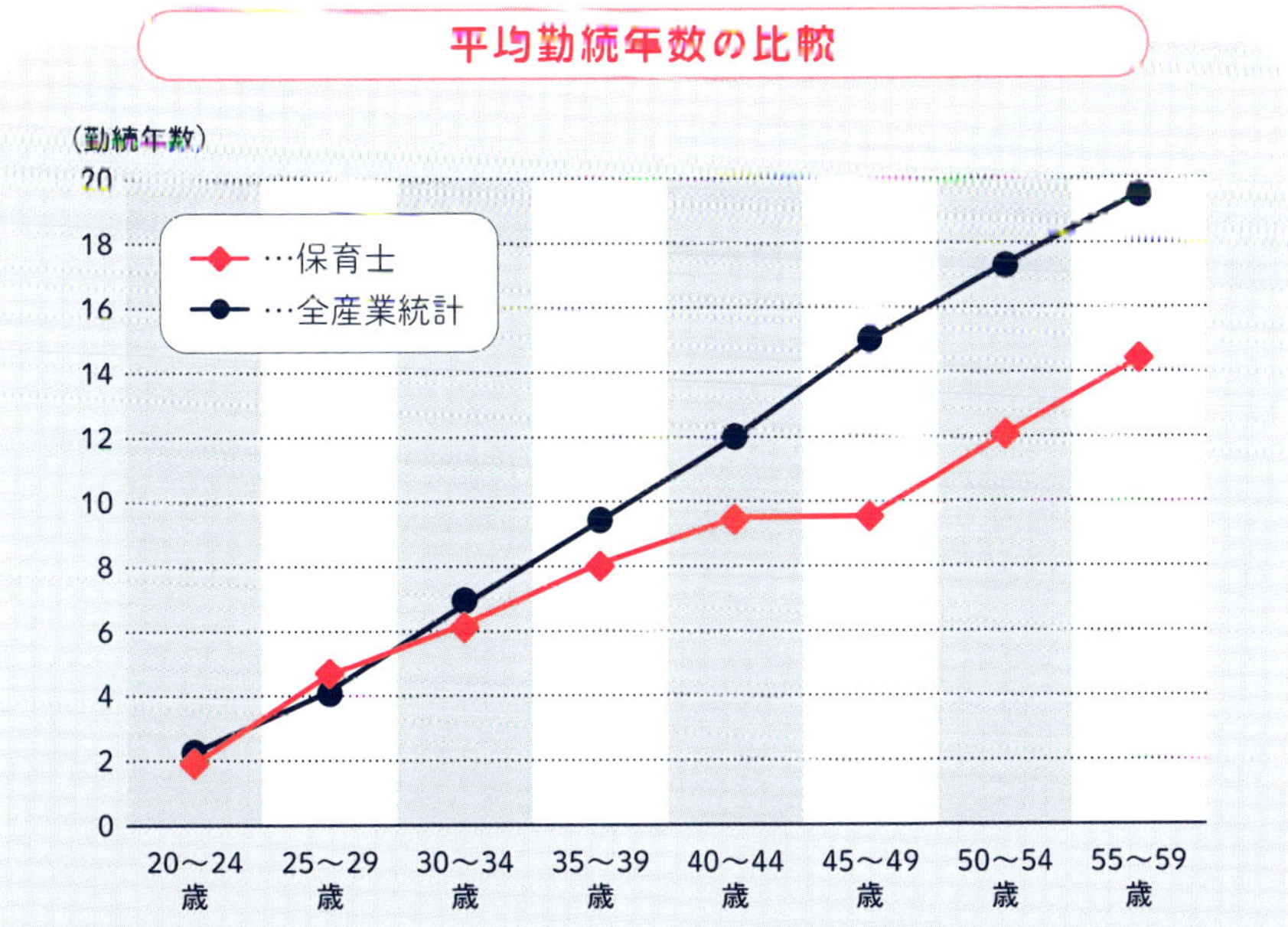

厚生労働省（2023）「令和４年版厚生労働白書」図表１－２－61をもとに作成

35歳以上の定着率が他業種に比べて低い

一方で、保育者の平均勤続年数は、他の業種と異なる傾向が見られます。上のグラフの通り全産業計と比較すると30歳まではあまり変わりません。しかし35歳以上の平均勤続年数は全産業計を下回っており、**35歳以上の年齢層における職場定着率が低い状況**です。[＊7]

以前は、「保育者は結婚や出産するまでの仕事」ととらえられていました。また、保育者自身が、「自分の子どもの子育てに時間をかけたい」と考えるケースもあります。これらの理由で、結婚や出産を機に離職する保育者が多かったからと考えられます。

ただ、私立の保育所で勤務している常勤保育士の平均勤続年数は２０１６年度時点の８・８年から、２０１８年度時点では11・２年まで伸びているという報告もあります。[＊8] 近年は、ライフステージが変わっても働き続ける保育者がだんだんと増えてきているといえるでしょう。

＊7　厚生労働省（２０２３）「令和４年版厚生労働白書」
＊8　厚生労働省子ども家庭局（２０２０）「保育の現場・職業の魅力向上に関する報告」

保育者のワークライフバランス

ライフステージの変化に対応した園が増加

先に示したように、平均勤続年数は35歳以上で短くなっており、結婚・出産といったライフステージの変化によって、離職する保育者が一定数いることが考えられます。

しかし、特に保育所は、もともと女性の就労を支える役割もある施設です。そのため、保育者が出産したあと、その子どもを勤務先の園が受け入れることで働き続けられるようにしているケースは以前からありました。

近年では、待機児童解消のために、自治体が保育者の子どもを優先的に保育施設へ入所できるように調整しているところもあります。

また、**産休・育休取得の促進は女性が多い職場において必須の課題**であり、多くの園でその点は工夫されているでしょう（産休・育休代替の保育者をどう確保するかという課題が生じてはいますが）。こうしたことから、徐々に子育て中の保育者が働き続けられる環境は整ってきていると考えられます。

立場の違う保育者の希望をかなえる

　一方で、ワークライフバランスという点では調整がむずかしいところもあります。例えば、保育時間が長時間化している園では、保育者自身の子どもの保育時間よりも早い時間から（もしくは遅い時間まで）の勤務シフトがあることも多いでしょう。その場合、子育て中の保育者のみその時間の勤務を免除するのか、子どもを見てもらえる人を確保するように促すのかという問題が生じてきます。

　ここでは、子育て中の保育者を例にあげましたが、ほかにも介護が必要な家族がいるなど、一人ひとりの生活状況は異なります。また、子育てや介護などを担う保育者のみが優遇される状況になれば、単身の保育者にばかり負担が偏り、そうした保育者の不満につながってしまいます。

　特に近年、保育者一人ひとりが望む働き方は多様化しています。例えば、保育にやりがいを感じ、もっと勉強したいからと休日にも研修を受けにいく保育者もいます。一方で、仕事は仕事として、業務時間内には精一杯保育しながらも、自分の好きなアーティストのライブには必ず行くなど、休日は自分の好きなことに使いたいと考える保育者もいます。**すべての保育者の希望する生活ができる園にしていくためには、誰も犠牲にならない職場環境を考えていく**必要があります。

働きやすい園づくりは〝三方よし〟

働きやすい園づくりに取り組むことは、そこで働く保育者だけでなく、園の運営者、そして何より園に通う子どもや保護者にとってメリットがあるものです。それぞれにとってのメリットを見ていきましょう。

働く保育者にとってのメリット

1 安定して仕事ができる

保育者が安定して働けるようになり、ゆとりをもって仕事ができるようになります。離職が多い職場では、急な人員の入れ替えによるストレスや、新しい保育者と一から関係を築きつつ様々な業務を教えることに相応のエネルギーが必要ですが、そうした負担もなくなります。

2 子どもたちにじっくりと向きあえる

保育者不足が解消し、人的余裕のある環境で子どもたちに向きあうことができるようになります。保育者不足で不本意ながらも管理的になったり、子どもに制限をかけるような状態をなくすことができ、やりがいにもつながります。

園の運営者にとってのメリット

1 求人活動にかかる負担が減る

近年は、保育者確保のために、人材派遣や転職支援等を担う企業に依頼するケースが増えているようです。しかし、それによって園の財政が圧迫されることも……。園が働きやすい環境になり離職者が減れば、人を探すことに躍起になる必要がなくなり、そのためにかけていたお金も時間も、園の保育の充実のために活用できるようになります。

2 園全体の保育の質向上につながる

その園の保育というものは、一朝一夕でできあがるものではありません。園の理念など揺るがないものをもちながらも、園で働く保育者たちが互いに関わりあい、目の前の子どもや保護者と関わりあう中で、徐々に培われていくものです。新しい保育者が入ることで新しい風が吹くよさもありますが、保育者の入れ替わりが激しいとその園の保育が積みあがっていかず、保育が安定しません。保育者が継続的に働いてくれる園になることは、保育の質向上においても重要です。

園に通う子ども・保護者にとってのメリット

1 信頼できる保育者と安心して過ごせる

子どもたちにとって信頼できる保育者の存在は重要です。保育者が次々に辞めていってしまえば、子どもにとっての安全基地が揺らいでしまいます。また、新たな保育者と関係を築くことは子どもにとっても負担が大きくなります。保育者が安定して働き続けることができれば、特定の保育者と日々園の中で安心して生活し、遊ぶことができます。多様な保育者と関わること自体は、子どもにとってよい刺激といえますが、それは安全基地となる特定の保育者がいるからこそ。その意味でも、保育者がある程度継続して園にいることが、子どもにとっても重要です。

2 保護者も安心して子どもを預けられる

保護者も保育者との関わりの中で信頼関係を構築していきます。せっかく信頼できる保育者ができたのに、その保育者が辞めてしまえば、保護者もまた一から新たな保育者と関係を築かなければなりません。また、子どもが信頼できる保育者がいない園や次々と保育者が入れ替わる園にわが子を預けるのは保護者も心配でしょう。保護者にとっても、信頼できる保育者が継続して勤務できる園かどうかは重要なことといえます。

第 2 章

わかったつもりになっていない？ 保育者のホンネ

働きやすい園づくりを効果的に進めていくためには、
保育者が何を考えているのか、
何を求めているのかを知ることが大切です。
保育者のホンネを探ってみましょう！

※この章では、園長・副園長を除いた、全国の現役保育者を対象にした
独自アンケート調査と、取材の結果を併せて紹介しています。

【独自アンケート調査の概要】
クロス・マーケティング（2024）「メイト保育者アンケート」回答数100人
次ページからの☆・★マークは、それぞれ次の意味合いで用いています。
☆：独自アンケート調査の結果
★：独自アンケート調査と取材の結果を併せたもの

園が考える離職理由と、実際の理由は違う!?

離職者は園に本当の理由を伝えない

園は、保育者がなぜ辞めてしまうのか、その本当の理由を知っているでしょうか。園を対象とした調査で、園側があげる保育者の離職理由の上位には、「他施設や他業種への転職」「結婚」「家庭の事情」があります。つまり、**その園に問題があって（嫌で）辞めるのではなく、ほかの理由があって離職するととらえていることが多い**のです。これは離職者が園に本音を伝えずに離職しているからでもあります。いずれにしても、**辞めることになったのは、現在の園で働き続けたいと思えなかった、もしくは働き続けられる条件が整っていなかったから**といえるでしょう。

また、離職者側に「仕事への適性がない」ことも、園側が保育者の離職理由としてよくあげる項目です。さらに、このあと取りあげる離職理由の一つである「職場の人間関係」についても、園側は、本人の人間関係を築く力やコミュニケーションの弱さによるものととらえている場合があり、園側に問題があるという意識があまりないようです。こうしたところに園側と保育者側のすれ違いが見られます。

働き続けられる園にしていくためには、**園側が離職理由を適切にとらえる必要があります**が、離職者からは取り繕った表

向きの理由しか聞けないことも多いでしょう。さらに、園側が離職する保育者自身に課題があるととらえている場合にも、本音を聞くことはむずかしいでしょう。

もちろん、離職する側が保育の仕事には向いていないと感じたり、ほかにやりたいことがあったりする場合もあります。すべての保育者が辞めないということがよいこととはいえません。ですが、保育者も一人ひとりが違って当然であり、異なる人間がいるからこそ、保育が豊かになります。現実的にも、この先労働力人口が減っていくことを考えると、なんでもできて心身ともに「タフな」保育者だけが残ればいいという発想ではなく、様々な苦手を抱えていたとしても、それぞれの保育者のよさが生きる園にしていく発想が必要です。

現役保育者に聞きました！

園は保育者の考えを聞いてくれる？

まったくそう思わない	8%
そう思わない	6%
あまりそう思わない	14%

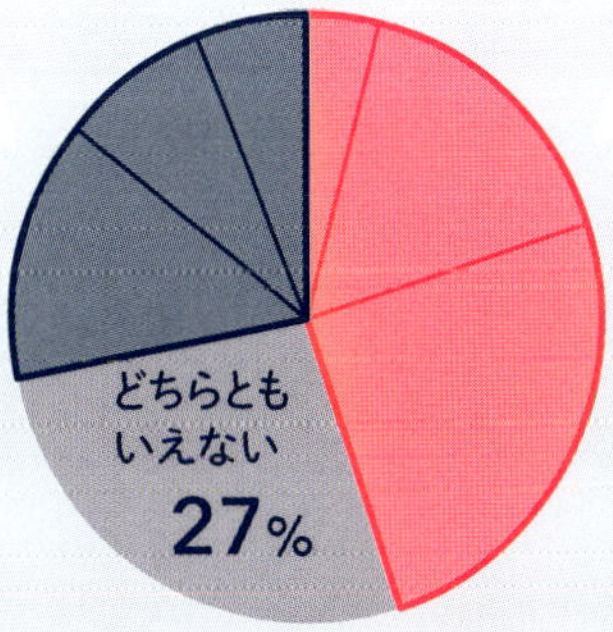

大いにそう思う	4%
そう思う	16%
ややそう思う	25%

半数以上の保育者は、園は自分たちの声に耳を傾けてくれないと思っている

「現在勤めている園の園長・運営法人は、現場の保育者からの職場環境改善に関する提案や要望を前向きにとらえて、改善に向けた行動をおこしてくれると思いますか？」という質問に対して、「大いにそう思う」「そう思う」「ややそう思う」と答えた保育者は、合計で45％にとどまりました。それ以外の半数以上の保育者は、園は自分たちの考えを前向きに聞いてくれるとは言い切れないと考えています。このように、本音を話してもムダと思われている関係性では、離職に至らないよう環境改善のための提案をおこなうことにもつながりませんし、離職の際に本当の理由を話してくれることもないでしょう。

保育者が「辞めたい」と思う理由

辞める理由は一つではない

働きやすい園をつくるためには、なぜ保育者が辞めてしまうのかをていねいに分析する必要があります。ここでは、各種調査等でよくあげられる離職理由を見ていきます。ただし、**一つの要因だけで離職が起こることは少なく、多くの場合、複数の要因が絡みあって生じています**ので、その点には注意が必要です。最終的に離職を決断する理由になりやすいのが**心身の不調**ですが、それはこれから紹介する複数の要因が重なりあった結果として起きていることも多いものです。**心身の不調を引き起こした要因をよく考える必要があります**。

離職者等を対象にした調査で離職理由として共通してあげられるのは**職場の人間関係**です。園でともに働く保育者の数は限られているため、人間関係が固定化しやすい上に、保育は一人でできるものではなく、常に複数の保育者が関わりあい、連携しながら進めていく必要があります。これらのことから、**人間関係によって働きやすさが大きく変わる**といえます。

保育者の仕事は多岐にわたり、年々園に期待される役割が増えています。子どもたちの保育に加えて、日々の連絡帳の記入、保育計画の作成や記録、園内の清掃や環境整備などを業務時間内におこなう必要があります。運動会・発表会などの行事に力を入れている園もあるでしょう。さらに、障がいがある、外国にルーツがあるなど多様な子どもたちへの対応、在園児の保護者支援、地域の子育て家庭への支援も期待されています。専門性向上のための研修の受講なども求められます。こうした**仕事量の多さと、それによる残業時間の多さ**も、保育者が離職を決断する要因です。

また、仕事量の多さに関連するのが**配置やシフト、休みやすさなどの労働条件**です。国が定める保育士の配置基準は充分なものではありません。人手不足で保育中にトイレに行けない、自分のクラスを安心して任せられる人員がおらず、無理をしてでも出勤する……。こうしたことが常態化すれば、心身の不調にもつながるでしょう。

一方で、保育者の賃金はなかなか改善しません。保育施設は基本的に国や自治体からの運営費によって、財源を確保しています。**そもそもその算定に使われている基準額自体が低い**こと、加えて国の保育士配置基準では安全に子どもたちを保育しにくいため、**各園が独自に基準以上の保育者を雇用している**ことなどから、保育者の賃あげがそう簡単ではない状況があります。

しかし、**給与が低い**ことは多くの保育者が不満を感じている点です。初任給が他業種に比べて低ければ、新たに保育者として働こうと考える人は増えません。また、中堅やベテランがその経験に見合った賃金をもらえなければ、働き続けることができません。

理想の保育ができないと、保育者は離れる

園の**保育方針との不一致**も離職理由の一つです。例えば、管理職が経営だけを考えて、人件費をおさえたり、次々に新園を開設したりして、保育者が「子どもたちを大事にできる環境にない」と感じたり、もともと園の方針に共感していたのに、園長などの交代でこれまでと方針が変わり、不満を抱いて離職につながる場合もあります。

これは、保育者としての**やりがいのなさ**にもつながります。**「やりがいがない」というのは、「自分が理想とする保育ができない」**状態といえ、そのような状況に陥っている環境を見直す必要があります。

子どもの命を預かる仕事であるがゆえに、保育者の**仕事の責任**は必然的に重くなります。特に最近は、保育中の事故や不適切保育が報道されるようになり、より保育の安全性が求められるようになっています。保護者も報道を見聞きすることで、子どものちょっとしたけがにも不安になり、保育者を執拗に責めてしまうこともあります。こうしたときに**組織として対応せず、個人が責任を問われる状況**であれば、その責任の重さに耐えられなくなることもあるでしょう。

現役保育者に聞きました！

保育者が「この園辞めたい！」と思うのはどんな理由？

人間関係と仕事量がトップ2

職場全体の雰囲気が悪い、同僚との関係性などに加えて、園長からのパワハラや高圧的な言動をあげる人も

1位（30%） 職場の人間関係

2位（21%） 残業・仕事量が多い

3位（13%） 給与が低い

4位（8%） 疲労・心身の不調

5位（7%） やりたい保育ができない

6位（5%） 管理職への不満　人手不足　休みがとりづらい　保護者への不満

そのほか7位以下は、**法人への不信感・子育てとの両立ができない・トラブルや嫌なことがあった・家から遠い・結婚**などが理由としてあげられました。

回答数84人（自由回答）

Episode 1

職場の人間関係

攻撃的でなんでも悪くとらえる先輩に辟易

同じ年齢担当の先輩保育者がキツイ人でつらいです。行事の準備を進めている際、「このまま先輩の指示通りだと間に合わなそう」と気づき直接伝えると、「なんでもっと早く言わないの！」と一喝。直接言うのは角が立つのかと思い、次は先輩の同期保育者を介してそれとなく伝えてもらうと、「なんで直接言わないの！」とまた責められ……。何をしても悪くとらえられてしまうので、「もうこの人とはやっていけない」と思っています。

Episode 2

残業・仕事量が多い

早番なのに遅番の退勤時間になっても帰れない

とにかく仕事量が多い園で、朝は勤務開始時間の30分前に始業するのが当たり前の雰囲気。もちろん手当は何もありません。その上残業も多く、早番のはずなのに遅番の退勤時間になっても帰れないことも……。サービス残業もあるし、疲れがたまり、休日は寝るだけの日々。保育の仕事や園の子どもたちは好きですが、自分の時間がなかなか取れない生活に疑問を感じています。

Episode 3

給与が低い

命を預かる責任ある仕事のはずなのに…

保育者は人生で大切な時期に関わる意義ある仕事と誇りをもっていますが、それに見合った給与をもらえているとはとても思えません。近所のスーパーの給与が自分よりもずっといいのを目にすると、何とも言えない気持ちに。ほかの仕事を軽んじるつもりはありませんが、「保育士は国家資格を取って子どもたちの命を預かる仕事なのになぜ？」と思ってしまいます。

Episode 4

やりたい保育ができない　**人手不足**

保育に余裕がなく、散歩も思うように行けない

保育者の数が少なく、保育に支障が出ています。本来ならいろいろなことを子どもたちに経験させてあげたいのに、人手不足で保育に余裕がなく、散歩に思うように行けなかったり、プール遊びを断念したりすることも。保育者として、子どもの興味や関心に沿った保育をしたいのに、それができない現状に憤りを感じています。

Episode 5

管理職への不満

いざというときに守ってくれない

園長に現場の保育者が大切にされていないと感じると、辞めたい気持ちが強くなります。クラスの子どもがケガをしてしまい、保護者に伝えるときなど、もちろん自分できちんと説明して解決しなくてはと思うのですが、園長がまったく気にかけるそぶりがなく、保護者にも何もフォローしてくれないことが重なると、「ああ、私は守ってもらえないんだな」と感じます。

現役保育者に聞きました！★

「保育者を続けよう！」と思う理由

子どもの存在が何よりのモチベーション

様々な辞めたい理由や過酷な状況がある中で、それでも保育者を続けていきたいと考える理由や、エピソードを伺いました。やはり、もっとも多い理由は子どもたちの存在でした。

1位（35％）
子どもの存在

- 子どもたちと関わると、気持ちが明るくなる
- とにかく子どもたちがかわいい！
- 子どもたちから途中で離れることはできない。卒園まで見守りたい

Episode 1

限界のときにかけてくれた言葉

園の人間関係がつらく、我慢しきれずに子どもたちが帰ったあとの保育室で泣いてしまったとき、園庭で遊んでいた子がたまたま入ってきました。見られてしまいどうしようと思っていると、その子は園庭からお花を摘んできてくれ、「先生がんばって。大好きだからね」と一言。その瞬間、「もう意地悪な人なんて気にしないでがんばろう」と、気持ちが切り替わりました。

Episode 2

得意をほめてくれる先輩

異動してきた先輩が、さっぱりした気持ちのいい人で、嫌なことはため込まず、いいと思ったことは率直に伝えてくれる人でした。私はおたより作りが好きだったのですが、その先輩は、「先生のおたよりすごくおもしろくて一気に読んじゃった！」と、バックナンバーまでさかのぼって読んでほめてくれました。自分の得意な部分を認めてもらえたことが、とてもうれしかったです。

2位（30％）
上司・同僚の存在

- 職場の人間関係が本当にいい！
- 相談・共感し合える仲間がいる
- 園長が話しやすく、わかってくれる人だから。さりげなく見ていてくれている同僚に救われる

3位（22%）
保育者の仕事が好き・やりがいを感じる

行事など一緒に経験して成長していく姿を見られるのがうれしい

楽しい保育ができたときの喜びが大きい

Episode 3
自分の働きかけで遊びが広がることにやりがい

子どもたちが成長する姿を見られる貴重な仕事です。また、自分が働きかけることで、子どもたちの興味・関心が広がったり、できることが増えたりすることにやりがいを感じています。子どもたちの様子を見て、保育室に図鑑を置いたり、コーナーに新しい素材を置いたりしたときに、それを活用してくれて遊びが広がるとうれしく思います。

Episode 4
提案したアプリの導入が実現し、環境改善

私の園の園長は、現場の意見をよく聞いてくれる、フットワークの軽い人。私が、自分の子どもの通っている園で導入されている出欠管理アプリの導入を提案したときも、すぐに調べてくれて実際に採用してくれました。それまでは電話で出欠確認をしていたので、アプリが導入されて出欠連絡に手間取られることがなくなり、その分子どもたちと過ごせる時間も増えました。

4位（12%）
働く環境がよくなった

給料が上がった!

むだな作業が減り、帰る時間が早くなった

5位（5%）
保護者の存在

保護者と良好な関係を築けている

Episode 5
ささいなことも見ていてくれたことに涙

卒園間近のことです。私はフリー保育士で、関わる時間は少なかった子どもたちでしたが、感慨深い気持ちでいました。そこでとある年長児の保護者が、「先生がいつもにこにこあいさつしてくれて本当にうれしかったです。おかげでいつも安心して園に来られました」と言ってくれたんです。何気なくしていたことを見ていてくれたことが本当にうれしく、泣きそうになりました。

回答数60人（複数回答）※6位以下略

今働いている園に対する評価

現役保育者に聞きました！

今働いている園の満足度は？

非常に不満	3%
不満	2%
やや不満	8%

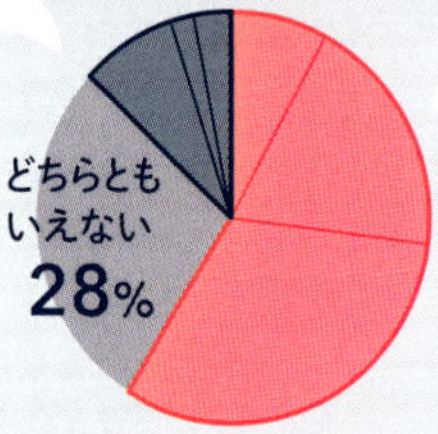

大変満足	8%
満足	19%
やや満足	32%

約6割が満足

働く場所としての園の満足度を聞いたところ、大変満足・満足・やや満足と答えた人は59％でした。

今働いている園では、働きやすい園になるよう改善がおこなわれている？

まったく改善されていない	6%
改善されていない	3%
あまり改善されていない	13%

不満群の79％が改善されていないと回答

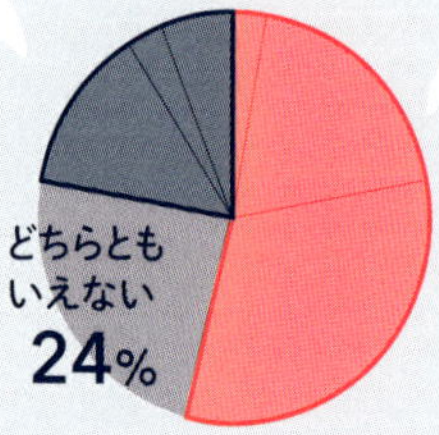

大いに改善されている	3%
改善されている	19%
やや改善されている	32%

満足群の81％が改善されていると回答

改善されていると感じている保育者ほど、園に対する満足度も高い！

上の質問で満足群（大変満足・満足・やや満足と答えた人）だった人の81％が、今働いている園は働きやすい園になるよう改善されていると回答し、不満群（非常に不満・不満・やや不満と答えた人）では79％が改善されていないと回答しました。

働きやすい園になるような改善がおこなわれていると感じている保育者は園に対する満足度も高く、逆に、改善がおこなわれていないと感じている保育者の満足度は低くなる傾向があることがわかります。

現役保育者に聞きました！

園に対する満足度が高い保育者の園で実現されていることは？

1位（56%）良好な人間関係

2位（51%）職位に関わらずフラットな雰囲気

3位（41%）残業時間がない（または少ない）

4位（34%）
- 持ち帰り仕事がない
- 子育てしながら働きやすい体制・雰囲気

6位（32%）
- 土曜や休日等の出勤が少ない（または代休がある）

7位（31%）
- 休暇がとりやすい体制・雰囲気

8位（25%）
- 職場で相談できる機会が充分ある
- 子どもとはなれた休憩時間の確保
- 柔軟なシフト

11位（24%）
保育方針・保育内容が自分に合っている

12位（22%）
ゆとりのある職員配置

13位（20%）
保育内容や子どもの様子について上司・同僚と語り合える充分な機会

（複数回答）

人間関係・職場の雰囲気・少ない残業時間がトップ３

今働いている園に満足している保育者の園では、すべての環境がいいというわけではありませんが、１人当たり約５つの項目が叶っていました。

また、P.28で、保育者が園をやめたいと思う理由として上位だった項目は、「職場の人間関係」と「残業・仕事量が多い」でしたが、その裏返しのように、園に対する満足度の高い保育者の職場で実現されていることとして、「良好な人間関係」「職位に関わらずフラットな雰囲気」「残業時間がない（または少ない）」が上位になっています。

Column 1

保育士の配置基準など
現在の制度から問題をとらえる

「働きやすい園」や「離職者の少ない園」を考える場合、どうしても自園の体制の問題としてとらえてしまいます。もちろん、同じ国や自治体の条件下で、保育者が働き続けやすい園とそうではない園という違いがあることから、各園の工夫で保育者が働きやすい環境を整えられたり、変えたりすることが可能といえます。

しかし、そもそも各園が工夫を凝らさなければ、保育者が働き続けられる環境にならないというのは、**もともとの制度設計や社会構造に問題がある**ともいえます。日々目の前の子どもたちへの保育を精一杯におこなっていると、そうした制度の問題や、社会のあり方までは目を向けにくくなりますが、実は今起きている問題は、**必ずしも「園のせい」や「園長のせい」「主任のせい」など、特定の誰かのせいで起きているとも限らない**のです。

例えば、人手不足や処遇の問題を考えてみましょう。保育施設は、国や自治体からの運営費によって成り立っており、それは基本的に在籍児数によって算出されます。加えて、様々な補助金があり、それらを獲得することで、基本の運営費に上乗せした収入を得ることはできます。ただ、他園よりもよいサービスを提供したからといって、高い料金を徴収して儲けることはできません。そのため、保育者の処遇を改善したり、人手を増やしたりするためには、基本の運営費を増やす必要があります。

この運営費算出の根拠の一つが、保育士の配置基準です。日本では長らく0歳児3対1（子ども3人に対して保育士1人、以下同）、1・2歳児6対1、3歳児20対1、4・5歳児30対1となっていました。これは諸外国と比較しても劣悪な基準であるとして、長年批判されており、ようやく2024年に4・5歳児が25対1に改訂されました。これは76年ぶりの改訂で、大きな一歩といえます。

このように、**国や自治体の制度やしくみ自体を問い直すことが、自園の労働環境の改善のためにも重要**です。園の中で、管理職と現場の保育者が対立するのではなく、**管理職と保育者が連帯し、国や自治体に制度の改善を求めていく**ということも視野に入れていただきたいと思います。

第3章

根幹となる
大切なこと

具体的な取り組みをはじめる前に、
まずは土台を整えることが大切です。
働きやすい園づくりをはじめる上で大切な考え方や
組織づくりについて紹介します。

1 園として大事にしたいことを明確に

理念の明確化と共有が第一歩

まず確認してほしいのが、「この園は何を大事にするのか」ということです。**園の保育理念や教育理念を園全体で理解できていると、働きやすい園づくりにおいても改善すべき点が自ずと見えてきます。**

また、保育理念・教育理念だけではなく、園で働く保育者についてふれられた理念はあるでしょうか。例えば、第5章で「〝働きやすい〟を実現している園」として紹介する社会福祉法人 山ゆり会（P.74）では、「遠くても、通いたい保育園。」「遠くても、働きたい保育園。」を園の理念として掲げています。

保育者が自分の人生をすべて捧げなければ子どもによりよい保育を提供できないということでは、様々な背景をもった保育者は働き続けられなくなってしまいます。

もちろん、子どもたちの保育をおろそかにするのは本末転倒ですが、**保育者自身が生き生きと、心身ともに健康で働き続けられる園でなければ、子どもたちへのよりよい保育もかないません。**子どもたちに対して質の高い保育をおこなうためにも、保育者が働く場として、何を大事にするのかを明確にしていくこと、それを園全体で共通理解できるようにしていくことが重要です。

園長は保育者の声に耳を傾けよう

　園長には、園の方針を示すことはもちろん、**白らその方針に沿って行動し、理念を体現していくことが求められます**。例えば、第5章で紹介する株式会社SHUHARI（P.78）では、園の理念や保育者に求めることを明確にした上で、それらをわかりやすく言語化しています。問題が起こったときにも、代表自らその理念に沿って問題の状況を確認し、理念の共有をくり返しおこなっています。これらの工夫によって、理念が絵に描いた餅にならず、保育者一人ひとりに浸透していくのです。

　また、園長が園の中で大事にしたい理念があるのであれば、状況によっては、周囲に反対されても一定譲らない姿勢を見せることが必要な場合があります。

　ただし、園長の独りよがりの方針では、誰もついてきてくれません。園として大事にしたいことも、可能な限り**様々な立場の保育者の声に耳を傾けながら、ともに園の理念や文化をつくっていくこと、時代に合わせてつくり変えていくことも意識**していきましょう。

　保育者からすると、園の理念や園長の考えには意見を言いにくいと感じるかもしれません。しかし、保育者が子どもたちによりよい保育をおこなうためにも、ゆとりをもって働ける環境を整えることは重要です。園長とともに、自分たちで自分たちの園をよい方向に進めていくために現場の考えを伝えてみましょう。その際、保育者が一方的に意見を言うのではなく、管理職側の思いを知ろうとしながら、自分の思いを伝えるという形で対話を試みていきましょう。

2 保育者一人ひとりの違いを尊重する

保育者の個性や経験の違いを生かそう

「園として大事にしたいこと」は、各園の状況によって異なります。また、これまでその園が大事にしてきたことや保育理念などと切りはなして考えることもできません。そのため、園ごとに違ってよいと考えます。

　ただ、近年働きやすい園と評価されている園に共通しているのは、「保育者一人ひとりの違いを尊重し、その多様性に合わせた職場」であるといえます。

　例えば、保育技術そのものも**保育者によって「違う」ことを前提にします**。もちろん専門職として、子どもに対する基本的な姿勢には一定の専門性が求められます。しかし、保育者自身の個性やこれまでの経験などによって、子どもとの関わり方や保育の進め方は違います。この違いをダメなことととらえるのではなく、保育者も人間だからこそ違いがあって当然であり、むしろその違いを積極的に保育に生かしていきましょう。保育者も一人ひとり、好きなことや得意なことが異なります。保育者全員が同じように保育ができるようになることよりも、**その保育者自身が楽しいと感じたり、やりがいをもって取り組んだりできることを保育に生かせる**といいですね。

違いを前提にして対話を重ねよう

ただ、違いを尊重するというのは、実際には非常に手間のかかることです。全員同じルール・同じやり方で仕事をしてもらうほうが、園側としては管理しやすいといえます。

互いが「違う」ということは、何も言わなくても分かり合える関係にはなりません。そのため互いに考えていることや感じていることを言葉にして伝え合ったり、話し合ったりする、ていねいなコミュニケーションが求められます。そして、「違う」がゆえに、意見がぶつかりあうことも多くなります。働き続けやすい園をつくるためには、良好な人間関係を築くことが重要です。しかし、**良好な人間関係とは、決して「もめないこと」ではなく、むしろ「適切にもめられること」**といえます。

適切にもめるためには、互いが「違う」ことを前提として、違うからこそおもしろいと思える土台が必要だと考えます。先に示したように、違うことを生かしあったり補いあったりする関係性があれば、違うことをネガティブにとらえにくくなり、対話もしやすくなります。意識しないと、思わず同じであることに安心したり、同じであろうとしてしまうので、注意が必要です。また、何かを決めるときは、できるだけ**みんなが納得できるよう配慮しながらも、「どの意見もいいけど今回はこれでいこう」と決断する必要があります。**保育者もそれぞれが「違う」ことに着目し、「その違いがあるからおもしろい」「違いがあるから保育も豊かになる」ということを意識していきましょう。

良好な人間関係とは

3 重層的な支援体制で、負担が偏らない組織に

複数の人間関係で負担なく支えよう

職員全体のバランスを見ることも必要です。「早期離職の防止」という観点で見ると、経験の浅い新人をどう教育していくか、支えていくかということに意識が向きがちですが、新人を支える体制をつくるためには、その土台としての園全体の組織づくりが重要になります。

また、新人を重視するがゆえに中堅に負担が偏っていくと、中堅層は働き続けることがむずかしくなります。**誰かを大事にすることで、誰かが犠牲になるのではなく、すべての保育者にとって働き続けやすい園にする**ことを頭に置きつつ、一つ一つ取り組んでいきましょう。

すべての保育者が働き続けやすい園にするためには、重層的な支援体制が必要です。新人教育を例にとっても、一部の中堅に負担が偏ると、そこからほころびが生じていきます。

しかし、**複数の人間関係の網目を重層的につくっていれば、どこかの網目にほころびができても、ほかの網目によって支えることができます。**例えば、一人の保育者が、縦（管理職との関係）・横（同期や経験年数の近い保育者との関係）・斜め（先輩保育者との関係）と、複数の関係をもっている状態をつくっていきます。それが重層的な支援体制のイメージです。

重層的な支援体制における立場による役割の違い

園長

人間関係の変化にアンテナを立て、早めの修復を促すことが園長の役割です。現場の保育者に対しても自ら声をかけ、心情を知ろうとしたり、人間関係の様子を観察したりすることで、保育者の悩みにもいち早く気づくようにしていきましょう。

より具体的な保育の話や、プライベートで悩んでいる様子がある場合には、中堅や主任など近い立場の者に声かけやサポートを依頼するなど、内容によって、より適切な立場の者にその役割を委任するようにします。

また人間関係の悩みに気づいて対応するには、園長一人では限界があります。主任や副主任などとともに、チームとして対応を考えていきましょう。特に、園長が対応に悩んだときは、主任などと相談して対応方針を決めたり、事務室や職員室などで常に会話をすることで、職員間の人間関係について情報共有をしたりしましょう。

主任

園長が孤立しないように、チームとして一緒に検討し、ときに役割分担をしながら対応をします。一般的には園長よりも主任のほうが、現場の保育者に近い立場であり、実際の保育者の声を拾っています。そのため、園長に現場で起きている状況や保育者からあがっている要望を伝える橋渡しをおこないます。主任は、現場の保育者と園長との間にはさまれやすく、むずかしい役まわりです。副主任や中堅と話し合ったり、園長との対話を増やしたりすることで、両者の思いを理解して、間をつなぐ通訳者になれるように取り組みましょう。

中堅保育者

新人の教育・支援を直接的におこなう役割を果たします。ただ新人教育はときにむずかしく、悩みを抱えてしまうことも多いもの。中堅同士で悩みを共有したり、主任や園長などにも相談したりすることで一人で抱えないようにしましょう。

新人保育者・若手保育者

世代の近い職員間のつながりは、新人や若手を支える大きな力になります。若手保育者は、新人の悩みがよくわかるからこそ新人が園の中で居場所をもてるよう、積極的に声をかけていきましょう。また、新人に頼られることで、若手も園での自分の役割を感じられたり、自身の成長を実感できたりします。新人は、話をしやすい少し上の先輩保育者を見つけ、困ったときには気軽に頼ってみましょう。

4 園に合った方法を取り入れながら、総合的な働きやすさを目指す

完ペキではなくても全体のバランスを意識

働きやすい園にするための取り組みには様々なものがありますが、**どれか一つをやればたちまちよくなるという魔法のような方法はありません**。これは、第1章でもふれたように、保育者の離職が複合的な要因で生じているからです。

かといって、手当たり次第にいろいろな取り組みをやればいいのかというと、そういうことでもありません。このあと第5章で具体的な園での取り組み例を紹介しますが、**園の改革は、その園で大事にしたい理念があり、それにマッチした取り組みがおこなわれるからこそ効果があるといえます**。

また、本書で紹介する取り組みがすべてできたとしても、いつでも安定した状態を保つのはむずかしいことです。例えば、どんなに職員配置を工夫していたとしても、人間関係のいざこざやトラブルなどは起こりえます。そのため、たとえ一時的にどこかがうまくいかなくなっても、**「総合的に評価すればおおむね働きやすい」**と思える状況になるように、取り組み全体のバランスを意識するようにしましょう。

Column 2

保育者の労働環境が改善しない背景としての「ジェンダー問題」

Column 1では、国や制度の問題などが保育者の労働に影響していることをお伝えしました。では、そもそもなぜこれほどまでに保育に関する国の制度が改善されないのでしょうか?様々な要因が絡むところではありますが、ここではその背景にあるジェンダーの問題を取りあげます。

ジェンダーとは、男性・女性であることに基づき定められた社会的属性や機会、女性と男性の間における関係性、さらに女性間、男性間における相互関係を意味します。こういった社会的属性や機会、関係性は社会的に構築され、社会化される過程において学習されるものと考えられています。[*9] 日本はジェンダーギャップ(男女の違いにより生じる格差のこと)が非常に大きく、なかなか改善されません。**保育者は現在でも9割以上が女性**であり、まだまだ「保育の仕事は女性の仕事」と考えられています。**女性の仕事ととらえられているものは、現在の日本において賃金が低いままでおさえられている**ものが多く、保育者もその代表的な仕事の一つといえます。

また、保育現場では園長や理事長などの管理職が男性で、それ以外は全員女性という職場も珍しくありません。非常にジェンダー構造のいびつな職場といえますが、ある意味保育業界ではよくあることなので、その中にいると違和感をもたないことがあります。もちろんそれだけで問題というわけではありませんが、**権力のある男性と、被雇用者である女性たちという構図が当然のこととなり、女性たちが声をあげにくくなっていたり**、そもそも自分たちの困りごとにすら気がつかなくなったりしている場合もあります。

逆のことにも気をつけなければなりません。保育現場では人数的に見れば多数派が女性です。そのため、**知らず知らずのうちに少数派である男性保育者にとって働きにくい環境になっている可能性**もあるのです。

本書ではくり返し、保育者一人ひとりの多様性に合わせた環境整備について述べています。「ジェンダー」という視点から園の環境を見直してみる、またその視点から今保育者が置かれている状況をとらえ直してみることで、保育者のみの問題ではなく、社会そのものがどうあるべきか、どうしていくかを考えていきたいと思います。

＊9　UN Women日本事務所(2018)「ジェンダーとは?」

第4章

具体的な取り組みを進めよう！

働きやすい園にするために取り組む必要のある事柄を、
「業務負担の軽減」と「良好な人間関係づくり」の
２つの側面から紹介します。

1 業務負担を軽減しよう

大切にしたいことの実現につながる業務改革を

人間関係がギクシャクする背景には、保育者が職務に追われて時間的にも精神的にもゆとりがないことがあります。保育者が疲れ切っている状態では「違い」は「ずるい」につながってしまい、先ほどあげた「適切にもめる」ことではなく、誰かが誰かを攻撃するような状態になってしまいます。

　また、業務量や業務方法、職員配置などの調整は園長がもっとも取り組みやすく、保育者からも具体的に変更の提案がしやすいところです。まずはここから見直してみましょう。

　ただし、ここでもやみくもに取り組むのではなく、**この園で大事にしたいことは何かを考え、場合によってはあえて取り組まないことも必要**です。例えば、行事の準備を減らすことで、保育者のやりたい保育や子どもたちにとってよい保育ができなくなってしまうと、むしろ保育者はやりがいを感じることができず、働き続けたいと思えなくなってしまいます。**これまでの慣習にとらわれすぎず、思い切って行事を減らしたり、大きく方法を変えたりするのも業務負担の軽減においては重要**です。そのときにも、その園が大事にしたいことを実現するための改革になるかどうかを考えましょう。

業務負担を軽減することで期待される変化

残業時間の減少

残業が減ることで、プライベートの充実や育児・家事などとのバランスもとりやすくなります。さらに保育を学びたい人は、自分が学びたいことを学びに行くことができるかもしれませんし、趣味があることで人生にハリが出る人は、そうしたことに自分の時間がさけるでしょう。育児や介護など家族のケアをしている人にとっても、それらのための時間を確保することにつながります。

休憩時間の確保

どんなによい保育をしたいと考えている保育者でも、長時間ずっと子どもに囲まれた環境にいると疲れてしまいます。かといって、仕事が立て込んでいる場合には休憩をとりたい気持ちすらわきません。子どもとはなれる時間を確保できると、保育者がいったんクールダウンすることができます。

ノンコンタクトタイムの実現

保育者の業務の中で、時間がかかるのが書類仕事です。毎月の指導計画やおたよりの作成、日々の子どもの記録などを書く時間を保育者の業務時間の中に組み込み、子どもからはなれる時間をつくることで、そうした書類仕事にも集中して取り組むことができます。これにより書類にかかる業務時間の短縮にもつながります。

さらに！

これらを実現することで、勤務時間内にミーティングができるようになり、保育を振り返るなど、職員同士で話す機会が生まれます。これは、次の②良好な人間関係(P.56)とも関わっていきます。また、新人の話をゆっくり聞いたり、話をしたりという新人教育にも時間がとれるようになり、働きやすい園をつくる土台の一つになっていきます。

負担軽減

やるべきこと1 業務そのものの見直し

ICT化

できることの例

- 保育記録・園だよりなどをパソコン・タブレット端末で作成する
- 登降園管理・連絡帳のアプリ導入
- 写真販売サービスの活用
- 支払処理の電子化

など

国が積極的に推進しようとしているのが、ICT化です。例えば、保育記録や園だよりなどをパソコンやタブレット端末で作成する、子どもたちの登降園管理・連絡帳などはアプリを導入する、行事や日常の保育の様子などの子どもたちの写真の販売を専用サイトでおこなうなどです。デジタル上であれば、書類の作成や修正にかかる時間を短縮できますし、紙と違って配布や掲示作業も不要です。また保護者からの出欠連絡など電話対応していた時間や写真の仕分け・貼り出し作業に要した時間を削減できます。**そうして確保した時間を子どもたちに使うことができるようになることが、ICT化の大きなメリットです。**

ただ、ICTが得意ではない保育者はそれらに慣れるまでは負担が増えたように感じたり、逆に時間がかかってしまったりするでしょう。「手書き」や「手作り」になじんでいる保育者にとっては、導入に対する抵抗感が強いこともあります。

試行的に使ってみたり、すでに導入している園に使い勝手や工夫を聞いてみたりして、**保育者自身が負担の軽減を実感できるまでは、むしろ時間や負担が増えることを想定して、**次に紹介する「業務の総量を減らす」「書類・書式のスリム化」も併せて進めていきましょう。

業務の総量を減らす

できることの例

- 会議時間・頻度の見直し
- 行事の見直し
- 保育室の装飾の見直し
- おむつや手拭きタオルのサブスク導入

など

園の中には、「当たり前」になっているローカルルールがあります。当初は目的があったものでも、**いつの間にかその目的を忘れて、単に「やらなければならない業務」として引き継がれていることも**。これを見直すことが、業務削減につながります。しかし、「当たり前」を変えるのは思った以上にむずかしいことです。

何のために見直すのか、それによって今よりもどうなることを目指しているのかを対話しながら、思い切って手ばなす勇気をもちましょう。また、心理的ハードルが低い、小さなことから着手することで、「当たり前」を見直すクセをつけるところからはじめてもよいでしょう。

その一歩として、一人ひとりが「これって必要?」と思ったときに、それを言葉に出してみましょう。出た意見については必ず一旦「必要だろうか?」と考えてみます。そして改めて「**その目的は何か」「その目的をかなえるためのほかの方法はないか」を、それにかかる時間や労力と合わせて見直すこと**で、新たな方法が見えてくることもあるでしょう。

例えば、月に一回土曜に全員出勤して長時間会議をしていた園が、毎日5分ミーティングをする形に変えたことで、月一回の会議も平日の日中1時間ですませられるようになりました。また、毎日5分集まって顔を合わせることで、日々の情報共有も円滑になり、クラスを超えたコミュニケーションも生じ、職場風土の改善にもつながったそうです。

書類・書式のスリム化

できることの例

- 連絡帳と子どもの記録を連動させる
- 写真やイラストを記録に活用する
- 書式をシンプルにする
- 作成する指導計画の種類を見直す

など

子どもと関わることや保育のアイデアを出すのは得意でも、書類仕事は苦手という保育者は少なくありません。そうした保育者にとって、多岐にわたる書類や記録の作成は心理的にも負担が重く感じられるでしょう。

一つ一つの**記録や書類も、改めて「何のためにあるか」という視点で見直し**、その目的に合わせて簡素化をはかりましょう。

また、一つの書類が二つ以上の意味をもつものとして活用できるのであれば、一石二鳥や三鳥にしてしまうことも大切です。例えば、連絡帳に入力した内容が、子どものその日の記録にもなるように連動させている園もあります。

また、記録の方法は必ずしも文章だけである必要はありません。写真やイラストなど、保育者がより記録しやすい手段を活用してドキュメンテーションの形にするのも一案です。このあたりは実際に記録や書類を作成している保育者自身が、子どものためのよりよい保育につながる記録の仕方を提案していけるといいでしょう。

筆者は、障がいのある子どもの個別の指導計画について、複数の園や自治体の書式を見せてもらう機会があります。保育者は細かい書式の空欄をすべて埋めることに一生懸命になってしまい、実際に計画したことがほとんどできないまま振り返りの時期を迎えているという話を聞くこともしばしばです。

個別の指導計画は、本来子どもの理解を深め、その子にどんな保育をおこなうかを検討し、実践することが目的です。**計画を立てることに時間がとられ、実践できないのであれば、その計画を作成する意味はなくなります。**そういった場合には、思い切って今のその子の姿を一つ書き、その姿に対して保育者が何をしたいかを一つ書くというぐらいの簡易な計画でもいいと伝えています。その代わり、書いたことは必ず実践してみて、それがどうだったか振り返ることをお願いしています。

月案・週案などの指導計画についても同様のことがいえます。計画を立てることが目的になってしまわないよう注意しましょう。指導計画については、こども家庭庁が、保育所保育指針や幼保連携型認定こども園教育・保育要領、それらの解説の内容に照らして、年案・期案・月案・週案・日案などをすべて作成する必要はなく、**長期的な計画（年案・期案のいずれか）と短期的な計画（月案・週案・日案のいずれか）２種類の計画を作成すること**と周知を図っています。[*1] 自分たちの園に合った計画に絞り、保育に生かしていきましょう。

＊1　こども家庭庁（2023）「虐待等の未然防止に向けた保育現場の負担軽減と巡回支援の強化について」

負担軽減

やるべきこと 2

ゆとりをもった職員配置

できることの例

- 人件費への適切な予算配分
- 保育士でなくてもできる業務を保育補助スタッフ・事務員などに振り分ける
- 国や自治体に補助の働きかけをおこなう

など

保育者が働き続けられる園を根本的につくっていくために、**人的なゆとりを生み出すことは必須条件**です。特に発達に遅れのある子どもや外国にルーツのある子どもの在籍が増えるなど、年々子どもの姿も多様化し、保護者や家庭に対する支援もより必要になっています。

しかし、国の定めている保育士の配置基準では、4・5歳児の場合、保育者1名に対して子どもが25名。実際に25名の子どもを保育者1名で見ようと思うと、途中でトイレに行くことすらままなりません。

現場では、この基準では子どもに適切な保育をおこなえないため、実際には基準以上の保育者を配置しているところがほとんどです。ただ、それは国の基準以上のことを現場の努力でおこなっている状況であるため、園によっては充分ではないことも。

管理職は、ゆとりある配置になるように、**人件費への適切な予算配分と人材確保の努力**をおこなっていきましょう。第5章でも、ゆとりのある職員配置によってよい循環になった事例を紹介しています（P.70・74）。保育者でなくてもできる業務（掃除・集金・事務作業など）を担う保育補助スタッフ・事務員などを配置することも有効です。

また、ほかの施設と協働し、国や自治体から財政的な補助が得られるように積極的に働きかけることも必要です。

負担軽減

やるべきこと3 残業を減らし、休憩・休暇がとりやすくなるしくみと声かけ

できることの例

- 園長や主任が率先して早く帰る・休憩をとる
- 必要な業務と過剰な業務を精査する
- バースデー休暇などを導入する
- 休憩室を用意し、環境を整える

など

業務量を減らし、人員のゆとりを生んだ上で、園長は、残業を減らし、休憩・休暇をとるように、こまめに声をかけていきましょう。また、園長や上の立場の保育者が率先して早く帰り、休憩・休暇をとることで、新人や若手保育者も堂々と休めるようにしていきます。

ただし、**単に声をかけるだけでは変わりません**。保育の仕事には際限がなく、「子どものために」と、休憩を短時間で切りあげたり、残業に区切りがつけにくかったりするケースも。そのため、**どこまでをその保育者のやりがいにつながる必要な仕事として認め、どこからは過剰な業務として制限するかを見極めていく**必要があります。

また、休暇についても、多様な保育者がいることを踏まえると、**それぞれの保育者が必要なときに必要な形で休めるように**したいものです。10分単位での休暇取得を認めていたり、バースデー休暇制度を導入している園もあります。

さらに、保育者が安心して休めるように休憩室を用意し、お菓子や飲み物を用意するなど場の環境を整えること、休憩中に自分のクラスを安心して任せられるように人を配置することなど、**物的環境と人的環境の両方を整える**必要があります。

Column 3

働きやすい園にするために保護者と連帯する

第1章で、保護者にとっても働き続けやすい園づくりはメリットがあるということをお伝えしました（P.22）。その点では、保育者が働きやすい園を保護者とともにつくっていくという発想は重要です。

ともすると、保護者と保育者は対立関係になりやすく、保護者によって責められることで、保育者が精神的に追い詰められてしまうというケースもあります。しかし、**本来は、保護者と保育者はともに子どもを育むパートナー**です。「どちらかのせい」という発想ではなく、「どちらもともにここちよく子育てしていくために」「子どもにとってよりよい環境をつくっていくために」保護者と保育者が連帯することが大切です。

例えば、**76年ぶりの保育士の配置基準の改訂は、保護者と保**

保育士の配置基準が76年ぶりに改訂！

保育士の配置基準は、1948年に、子どもの安全と保育の質を担保する目的に定められました。社会情勢の変化や、保育者に求められる業務の多様化が進む中でもずっとその基準は変わらないままでしたが、ようやく2024年度から、保育士1人あたりがみる子どもの数が、3歳児は20人→15人、4・5歳児は30人→25人に変更されました。まだまだ充分ではない水準ですが、変革の第1歩といえます。

子どもの年齢	保育士1人あたりがみる子どもの数（今まで）	保育士1人あたりがみる子どもの数（2024年度より）
0歳児	3人	3人
1・2歳児	6人	6人
3歳児	20人	15人
4・5歳児	30人	25人

育者の連帯によって起こったともいえます。「子どもたちにせめてもう一人保育士を」という運動[*10]が、2023年度に全国で活発におこなわれました。これは現場の保育者だけではなく、保育所などに子どもを預ける保護者たちが、保育者が厳しい状況の中で保育をしていることを問題視し、それを「保育者のせい」ではなく、現在の制度の問題ととらえ、保育者とともに国や自治体に改善の要求をしていったものです。

「自分の子どもを安全に、ていねいに見てほしい」という保護者の願いを大事にしたい保育者はたくさんいます。それができない状況が生じているとすれば、それは個々の保育者の力量のせいなのでしょうか。

もう少し大局的に見たときに、そもそもの保育士の配置基準が、諸外国と比べても非常に劣悪であること、70年以上も変わっていないこと、そうした**制度上の問題をきちんととらえ直し、制度自体を見直していく方向で連帯していく**ことで、保育者にとっても保護者にとっても、そして何より子どもにとってもいい環境がつくられていくのではないでしょうか。

また、保育者の仕事量が増えたり、労働条件が悪化したりするのは、保護者の多様なニーズにこたえようとするからという側面もあります。保育者が生き生きと働き続けられるようにするために、我が子が大好きなあの先生が今日も笑顔で保育できるようにするために、保護者ができる協力をしていくことも重要であろうと考えます。

*10 子どもたちにもう1人保育士を！実行委員会（2024）「日本の保育士配置基準を世界水準に」ひとなる書房

2 良好な人間関係を築こう

考えを伝えあえる関係を目指して

　保育者の離職理由として共通して出てくるのは「職場の人間関係」です。そのため、**いかにしてよい人間関係を保育者同士で築いていくかが、働きやすい園づくりを進めていくにあたってのポイントになります。**

　ただ、組織というのは、生命体のようなもの。人が一人入れ替わるだけでも関係性は変わり、安定していたものが不安定に揺らいだりします。常に何のいざこざもない状態を目指すというよりは、全体的に互いを尊重する雰囲気があり、何かギクシャクしたりトラブルがあったりしても、修復する手立てをとれたり、中和したりできればよいというぐらいにとらえましょう。

　第3章「根幹となる大切なこと」でもふれましたが、人間関係がよい状態というのは、互いを傷つけないように遠慮して意見を言わないということではなく、むしろ**互いの違いを尊重しあい、それぞれが思っていることや考えていることを伝えあえるという状態**です。

　互いの違いを楽しみながら、「違うからこそよいものが生まれる」という発想のもと、意見を伝えあうこと。その上で、決めなければならないことは互いを尊重しながら決めていく関係をつくっていきましょう。

良好な人間関係を築くことで期待される変化

園内のコミュニケーションが活発に

良好な関係性が築かれることで、職員の世代や職位、担当しているクラスなどを超えて園全体のコミュニケーションが活発になっていきます。

園全体のコミュニケーションというものは、保育の質の向上や、質の高い家庭支援のための重要な要素である「情報共有」にも影響を与えます。

現場保育者の考えを環境改善や保育に反映できる

園長や理事長などの管理職にも、現場の保育者の意見や考えが伝わりやすくなり、保育者が何を考えているのか、どのような意欲をもっているのかを把握できるようになります。

保育者の意見を反映した上での組織運営や園の環境改善、保育の質向上に取り組めるようになるといえます。

人間関係

やるべきこと1
フラットな職場風土づくり

良好な人間関係を築くにあたっては、理事長や園長・主任など、職位が上の立場にある人の姿勢や態度が非常に重要です。管理職と保育者が強い上下関係にあれば、自ずと保育者間の関係性も上下関係となり、園全体の雰囲気や風通しが悪くなってしまいます。

離職率の低い園では、特に園長がどの保育者に対しても気さくに声をかけていることが共通しています。保育者一人ひとりの変化（保育内容や子どもへの関わり方、本人の表情や髪型の変化など）に細やかに気づき、直接それを伝えるよう言葉をかけているのです。新人・中堅・ベテランなどの経験年数や正規・非正規といった雇用形態を問わず、どの職員に対しても園長・主任のほうからあいさつをしたり、ちょっとしたことに対してもお礼を言ったりと、直接保育者一人ひとりに声をかけていきましょう。

関係性によっては、園長が保育者をニックネームで呼ぶようにしている園もあります。特に近年は、より若い世代が上下関係に対して身構えてしまうことがあるため、新人が委縮してしまったり対立を感じたりしないよう、若い世代の感覚に合わせて距離のとり方を工夫するのも一案です。

また、**保育の様子についても、園長が自身の個性や経験に合わせて気にかけていくことが必要です。**例えば、ある園の保育経験が豊富な園長は、クラスに入りすぎることで保育者のプレッシャーになるからと、あえて事務所で書類仕事をしながら、横目でちらちらと園庭で遊ぶ子どもたちと職員をそっと観察するそうです。そこで見つけた子どもや保育者のよい姿をあとからそっと保育者に伝えることで、「あなたのがんばりを見守っているよ」というメッセージを伝えています。また、保育経験のない園長の場合には、保育内容には詳しくないからと、そこは主任などに支援を依頼しつつ、得意な手品を子どもたちに見せたり、体を使って遊ぶ一人として保育に入ったりしながら、そのクラスの保育を気にかけていました。

園長には職員一人ひとりの声に耳を傾け、それを尊重する姿勢が求められます。例えば、年に2回など個人面談の時期を定期的に定め、職員の自己評価と園に対する評価や要望などを聞く時間を確保している園があります。ただ、これは常日ごろから、「この園長には話しても大丈夫」「この園長になら話したい」と思える関係性が築けているからこそ機能するといえます。

さらに、こういった面談で**話を聞いて終わりではなく、現場の保育者から聞いた意見を元に、必ず何らかのアクションを起こすことも大切**です。職員の要望を叶えられない場合にも、管理職側の考えや検討した内容などをフィードバックすることで、「自分の意見が大事に扱われている」「話したことはきちんと受け止めてもらえる」と現場の保育者が感じられるように工夫しましょう。

できることの例

- どの保育者にも気さくに声をかける
- 保育者の変化を細やかに見守る
- あいさつは園長・主任から
- 保育者からの意見にアクションを起こす

など

やるべきこと2 職員配置の工夫

近年多くの園では、一人担任よりも複数担任、担任に加えて加配やフリーの保育者がクラスの保育に入る体制を整えています。また、延長保育の保育者なども含めると、一人の保育者だけで保育が完結することはありえない状況です。加えて、休憩をとれるようにしたり、ノンコンタクトタイムを確保したりするためには、**保育者の勤務時間内に保育からはなれられる時間を確保する必要があります。**

こうした状況の中で、後記の2種類の職員配置を工夫すると、働き続けやすい園に近づくといえます。

一つ目は、各年度で保育者をどのクラスにどの役割で配置するかという年度ごとの職員配置です。ここでは、**一人ひとりの素質を見極めて配置をすることが重要です。**第3章「根幹となる大切なこと」で述べたように、保育者は一人ひとり異なるため、それぞれが得意なことも違います。また保育者も経験によって成長していく存在であるため、今のその保育者にとってどのクラスの担任がいいのか、どの役割がよいかを年度ごとに考えていくことが大切です。

ただし、職員同士の組み合わせに正解はなく、似たタイプの保育者を同じクラスの担任にすることで、人間関係のストレスが少ない形でクラス運営できるようになる場合もあれば、反対に、あえて異なるタイプとペアを組むことで、互いにないものを補い合ったり、相手のよさを吸収できたりすることもあるでしょう。

　最善の組み合わせを考えて配置しても、実際に保育をしている中で思いのほかギクシャクしてしまったり、うまくいかなくなってしまったりするケースは多いようです。**ここでのひずみを、園長・主任が早めにキャッチし、重層的にフォローしていくことが大切です。**

　二つ目は、一日の時間ごとの職員配置です。こちらは、主に主任が管理していることが多いでしょう。単純なシフト勤務だけではなく、保育者一人ひとりの現在の業務の進捗状況や各クラスの保育の状況、その日の子どもの出席状況なども見て、どの時間に誰がどのクラスに入るかを細やかに指示しながらまわしていきます。保育者一人ひとりの多様性に合わせると、これはさらに複雑になります。例えば、家庭の事情によって通常のシフトよりも少し早く帰宅したい保育者がいたとき、あるいは急に休暇をとらざるをえない職員が出たときなどに、そこをほかの職員でうまくまわせるように調整します。

　この一日の職員配置の調整は、まさに職人技のパズルのようなものです。ホワイトボードなどを活用して、誰がどの時間にどこに入るかわかるように視覚的に示したり、トランシーバーやインカムなどを保育者が身につけ、個々の状況を細やかにキャッチしながら配置を変えたりすることで、園の職員全体で保育をおこなえるよう工夫していきましょう。

できることの例

- 保育者一人ひとりの素質を見て配置を決める
- うまくいかないときは早めのフォロー
- ホワイトボードで、保育者の状況を視覚化
- トランシーバーやインカムで、細やかに状況を把握

など

人間関係

やるべきこと 3
新人に対する支援や工夫

最後に、新人保育者に対してどのように関わっていくかに焦点をあてた取り組みを説明します。ただし、これらの取り組みは実際には新人のみに機能するわけではなく、園全体の風土や人間関係にも影響を与えていきます。

園長・主任が新人の意見に耳を傾けたり、尊重した態度を示したりと、**新人に対する支援や工夫をおこなうことで、園全体に「職位に関わらず保育者が意見を言いやすい風土」が生まれます。**新人が少ない職場においても、参考にしていただきたいところです。

新人保育者を育てることは、その園の未来をつくっていくことです。「今」ももちろん重要ですが、少し先を担う世代を大事にしていくことは、保育の営みそのものでもあります。また**新人保育者がいきいきと働ける環境を用意することで、園に新しい風が吹き込みます。**新しい風によってこれまでと違う流れができると、しぜんと拒否反応が起きてしまいがちです。しかし、その新しい風をときおりうまく取り入れることで、今の時代に必要な保育をつくり出していくことができると考えられます。

価値観の違いに目を向ける

できることの例

- 世代による価値観の違いを踏まえる
- バックグラウンドの違いを踏まえる
- 新人保育者の主体性を大事にする

など

新人に対して特に気をつけるべきことは、第一に、世代によって意識や価値観に違いがある可能性を踏まえて関わりを考えるということです。同じ年代であっても、実際にはみんなが同じ考え方というわけではありません。しかし、ベテラン世代に比べれば、**20代は仕事が人生のすべてではなく、仕事もプライベートもどちらも大事という価値観をもつ人が多い**といわれています。そうした世代の価値観を尊重できる支援体制を築くことが重要です。

また、新人といっても、最近は保育士養成校を出てすぐに保育者になる人ばかりではなく、自身の子育て経験を生かして保育士の資格を取得するなど様々な年代やキャリアの人がいます。それぞれの経験やキャリアの違いを生かすことで、園の保育も広がります。新人保育者の得意なことを知り、それに合わせた役割を与えたり、保育の中で生かせるようにするのも一つでしょう。

このように考えると、新人を育てることによりハードルがあがってしまいそうですが、実は新人育ては保育と同じです。**子どもの主体性を大事に保育することと同様に、新人保育者の主体性を大事に**、その人らしく保育を楽しめるようにサポートしていきましょう。

重層的にフォローする

できることの例

- 新人の日誌を新人教育担当以外にも複数で確認する
- 新人が年齢の近い保育者と研修を受ける機会を設ける
- 違うクラスの保育者とも関わる機会を設ける

など

新人を支援していくとき、いかに新人とほかの保育者とのつながりを複数で、そして層を重ねるように築いていけるかが重要になります。ここで生きてくるのが、「重層的な支援体制」（P.40）です。

新人教育を直接的に担当するのは、ともに担任をもつ先輩保育者の場合が多いものですが、その保育者だけが新人の教育や支援をするとなると、新人と教育担当者の間でほころびが生じたときに両者が苦しくなってしまいます。**その二人だけの関係で閉じないように、ほかの保育者もそこに関わっていける体制づくりをおこないましょう。**

例えば、新人に毎日一行程度の短い日誌を書いてもらい、それを中堅・主任・園長など複数で確認します。気になる記述があれば直接声をかけたりしながら、新人を複数の職員で見守るようにします。また、同期の職員や年齢の近い職員と一緒に研修を受ける機会を設けるなどして、他クラスの保育者との関係を築くのも一案です。

園長や中堅との縦関係だけではなく、同期との横の関係や、少し上の先輩職員との斜めの関係を意図的につなぐことで、クラス担任間で人間関係がうまくいかなくなっても、ほかのつながりによって支えられるようにしましょう。

新人の居場所とやりがいを意識的につくる

できることの例

- 休憩室で気さくに声をかける
- ほかの保育者とも会話ができるように話題をふる
- 新人が子どもと楽しそうに過ごしている姿を写真に収めて見せる
- 新人が関わった卒園児を園に招く

など

新人保育者が「園の中に自分の居場所がある」と感じられるようにしましょう。これは、子どもたちに対する関わりと同様ですが、**新人保育者が園の中に自分の居場所を見出し、「自分はここにいてもいい」と思えることが、その環境において力を発揮するための前提条件**になります。そのため、例えば、休憩室で会ったときには、気さくに話しかけたり、ほかの職員とも会話ができるように意識的に話題をふったりすることで新人の居場所をつくる必要があります。また、園長・主任は職員室に新人が来たときに積極的に声をかけ、表情や様子をよく観察しておきましょう。

さらに、新人保育者が保育のやりがいを感じられるような機会をつくる取り組みも有効です。日々の保育の中で、子どもたちが新人保育者と楽しそうに過ごしている場面を写真に収めて見せたり、新人保育者の関わりによって、子どもの笑顔が増えたなど、周囲の保育者が気づいた変化を言葉にして伝えたりします。また、2年目以降にはなりますが、卒園児を園に招く行事などをおこなうことで、自分が関わった子どもがその後成長した姿を実感できる機会をつくっている園もありました。

やりがいを感じるポイントは人によって異なるため、いろい**ろな機会をとらえ、その都度保育者にポジティブにフィードバックしていくことで、それぞれのやりがいを見つけていくよう**にしましょう。

権力を自覚する

できることの例

- 新人の立場になって考える
- 園長・主任だけでなく、園全体で権力を意識する
- 伝え方を工夫する（次ページ参照）

など

園長・主任やベテラン・中堅の保育者は、新人よりもその場における「権力」があることを自覚する必要があります。この「権力」というのは目に見える「力」ではありませんが、**その園に長くいる保育者のほうが、新しく入ってきた保育者より、圧倒的にその場での発言力があり、意見を言いやすい立場**にいます。

そのため、園長などの側からは威圧的に言ったつもりではなくても、新人には威圧的に聞こえてしまったり、意見を言いやすい雰囲気をつくっているようでいて、新人からすると言いにくい場合があったりします。必要以上に新人の顔色をうかがう必要はありませんが、自分たちのもつ「力」を意識しながら、関わり方を見直す必要があるでしょう。

そのため、何気ないことの伝え方にも配慮が必要になります。次のページでは、早期離職者の少ない園で、園長などがおこなっていた新人保育者への伝え方のポイントを紹介しています。園長のみではなく、中堅なども含め、新人に関わる機会のある保育者が共通しておこなえるように互いに声をかけあい、意識しましょう。

新人を委縮させない伝え方のPoint

Point 1 自分の目で見たことから伝える

特に新人に対しては、ほかの誰かから間接的に聞いた情報だけで判断や評価をして、注意や指示をすることは避けましょう。自分のことを見ていない人からの注意や叱責は、不信感のタネです。気になる情報があったときには、実際に自分自身で新人の姿を見てから声をかけるようにします。

また、課題となることだけではなく、保育の様子を見てよかったところを具体的に、直接伝えることも必要です。

Point 3 具体的にフィードバックする

新人へ伝えるときは、「ちゃんとやってね」などの抽象的な言葉は避けましょう。例えば、報告・連絡・相談をしてほしいときには、それらの重要性とともに、どのように実施するか具体的な手順をくり返し教えるようにしましょう。

また、保護者へのおたよりや書類などの書き方については、具体的な指示を入れ、修正してもらうなど、曖昧にせずに何をどうすべきか伝えるようにします。

Point 2 新人への共感からはじめる

新人の行動の背景や理由に共感してから、どうすればいいか一緒に考える姿勢を見せるように意識しましょう。例えば、なかなか提出すべき書類が出てこないときにも、出てこない理由を考え、「何をどのように書けばいいかがむずかしいよね。どこで止まっている？」と共感・確認しつつ、そのあとできる対策を具体的に、ともに考えるようにします。

Column 4

保育者の「一斉退職問題」

　近年、特に年度末に保育者が一斉に退職したことで、園で子どもの受け入れができなくなったとして報道されることが増えています。そのような事態になれば、当然、在園している子どもの保護者は預け先に困りますし、子どもたちも急な環境の変化に振りまわされてしまいます。そうした、子どもや保護者を巻き込んでの混乱状態は、避けるべき事態です。

　しかし、**「一斉退職」という行動は、現場の保育者たちが目の前の子どもたちを守るための最終手段として実行している**ようにも見えます。一斉退職の際に、保育者の声として報道されているのは「子どもたちを安全に預かる環境が整っていない」ということです。その背景にあるものは、管理職のハラスメントや、園の新設などの無理な事業拡大、給与の未払いなど、園によって問題は少しずつ異なります。ただ、いずれも保育者が安心して働ける環境にないために、徐々に保育者が離職していき、それによって慢性的に保育者不足の状態が生じているといえます。

　そこで、なんとか非常勤や短時間の保育者を雇用して穴埋めをしたとしても、残った正規保育者の負担は増加するばかり……。国の配置基準ぎりぎりの人数では保育者がトイレに行ったり休憩したりすることすらままならず、保育者も精神的にゆとりのない状態に陥り、場合によっては子どもへの不適切な保育なども生じていきます。そのような状態になったときに、「これでは子どもたちを守れない」と思う保育者たちが、最終的に子どもを守るために複数で一致団結してやめていくということではないでしょうか。

　この**離職の連鎖が生じる前の段階で、労働環境の改善がなされていれば、一斉退職には至らなかった**のではないかと思います。

　しかし、保育現場においては保育者が労働者としての権利を知らなかったり、古くからその場で働く人たちにとってはそれが当たり前になってしまっていたりもするでしょう。近年は労働組合なども機能していないことが多いため、保育者側の労働者としての権利を保障する体制や雇用者側に改善を求めるようなしくみが必要だと考えます。

第5章

“働きやすい”を実現している園に聞く

園改革を進めて働きやすい園づくりを
実現している３つの法人にお話を聞きました。
改革を進める前の「Before」から、
現在の「After」への変化と、それを実現するために
おこなった具体的な取り組みを紹介します。

実例 1

「保育室から抜ける」を前提にした勤務体制で保育の質とやりがいアップ

社会福祉法人 風の森

Picoナーサリ 和田堀公園

お話いただいたのは

統括 野上美希さん
事務長 野上 巌さん

園 DATA

70年の歴史をもつ幼稚園を母体に保育所を設立。乳幼児期の知的好奇心に働きかける年齢に応じたプログラムを実施し、子どもたちの豊かな情操と社会性、同時に自己表現力と主体性を育むことを大切にしている。

園長1名／主任2名／フリー保育士10名（パート含め）／担任保育士21名／看護師1名

定員120名

改革前はどうだった？ **Before**

保育観が定まらず
ギクシャクした空気

休憩をとることも
ままならず、残業も多い

朝夕のシフトが
若手保育者に偏りがち

あるとき、園長・主任・看護師が
1年の間に続けて離職

このままではいけないと働き方改革を決意！

休憩なしで残業が常態化。笑顔が減る現場に違和感

社会福祉法人 風の森は、2014年に第1号の保育所を開園しました。当時は、ほぼ国の基準通りの配置でスタート。しかし、休憩もとれず、残業や持ち帰り仕事が発生するようになりました。保育業界では当たり前、と言われつつも、疲弊していく保育者たちの様子に違和感をもったそうです。そして、開園1年で、園長と主任、看護師が相次いで退職する事態に。このままではいけないという危機感から、運営方針を抜本的に変え、次年度からの施行を目指し、改革をスタートさせました。

改革後こんな変化が

After

保育者間のコミュニケーションがとりやすくなり、意見交換が活発に！

全職員に交代制で１時間の休憩時間を確保。保育で使用している茶室を休憩室として活用しています。キャリアに関わらず同じ空間で過ごし、コミュニケーションの土台がつくられるように。こうした環境から、風通しがよくなって、意見交換も活発になりました。

実践できている働き方

- 残業なし
- 完全週休２日
- 休憩室で１時間の休憩
- ノンコンタクトタイム導入
- 職員会議・研修は勤務時間内
- 育休取得率４年連続100%

ライフステージの変化があっても、キャリアを継続できる

実感しています！

5歳児クラスリーダー
海東麻裕子先生

この園が開園した当時１歳児クラスのリーダーで、その年に妊娠。育休を一年間取得して復帰しました。産後は第一線からはずれる空気感のある業界。働き方を変えようか悩みましたが、育児と両立できるシフト、急な休みや早退なども言いやすい職場の雰囲気があり、正職員リーダーとして働き続けられています。

心のゆとりが生まれ、子どもにしっかり関われる

実感しています！

主任
永澤みゆき先生

以前勤めていた保育所は業務が多く、子どもにケガをさせず無事に１日を終えることで精一杯でした。

今は、保育者が多く、休憩時間やノンコンタクトタイムが確保でき、心のゆとりが生まれ、子どもたちと濃密に関わることができています。やりたかった保育を実践できて幸せです。

ほかにも…

新卒保育者の育成にゆとり

新卒保育者に対しては、入所２～３年目の保育者が相談相手になるメンター制度を導入。さらに、１年目は担任に入っても人員としてカウントせず、半年過ぎてから徐々に主活動を考えるなどの実践をスタート。心理的負担を感じさせない働き方を実現しています。

離職が減り、採用コストはほぼゼロ

働きやすさと働きがいの両方を実感してもらえるようになって離職が減り、採用にかかる費用の削減につながりました。SNSで人材募集をするなどの工夫もおこない、採用コストはほぼゼロに。これによって人員増の予算が確保できています。

どんなことをおこなったの？

改革の中身と成功Point

Point 1 保育室から抜けられる人員配置

園の理念の共有　業務負担の軽減　良好な人間関係

園の運営改革としてまず着手したのは、保育者を基準の1.5倍に増やすこと。採用はスムーズにいき、目標通り開園2年目から実現できました。そして、担任保育者を基準の1.5倍増員。以前と比べ、働きやすくなったものの、別の課題が発生しました。

こんな問題が

条件だけを重視する保育者

人員が多く働きやすい＝楽できる職場、ととらえてしまう保育者も。応募時の条件と、実際の勤務や、保育の質を求める風土とのミスマッチから離職者が増える結果に。

保育力の低下

保育室にいる人員が増え、余裕が生まれた一方、「誰かがやってくれる」「1.5倍の人員がいないと保育できない」という意識が生まれてしまった。結果的にやりがい、保育力が低下。

そこで

保育室に入る人員を増やすという考え方では働き方は改善されないため、担任保育者は基準＋1、そのほかの人員は、有休消化・残業なし・週休2日・休憩時間・研修時間を確保するためのフリー人員とする配置に転換。

さらに

人員を基準の2倍に増やし、保育の質・働きがいを向上させる

働きやすさが実現されると、学びや保育の質を高めたいという声も。そのために保育者を基準の2倍に増員。研修時間のほか子どものための話し合いや情報共有の時間も勤務時間内に組み込み、保育の質と働きがいの向上を図りました。

プラスして

- なぜ人員を増やすのか、園の理念を全職員に説明
- “楽するため”ではなく、“子どもにしっかり向き合うための働き方である”というメッセージに変更。採用時のミスマッチも解消

風の森で取り組んだこと

園の理念の共有

- 環境改善の必要性を訴える際に話し合いの場を設け**「残業をなくすことでみんなが同様に活躍できる組織を目指したい」と何度も根気強く伝えた** →Point 1
- 人員を国の基準の2倍にしたタイミングで**「なぜ、さらに人を増やすのか」を全職員に明確に提示。**子どもたちのためであり、子どもたちに何ができるのか真剣に考え、向き合ってほしいとメッセージ →Point 1

業務負担の軽減

人員確保

- 国の**基準の1.5倍**に人員を増加。その後さらに**基準の2倍**に →Point 1・2
- 人員増のための予算は、**自治体の補助金を徹底的に調べ、すべて申請**して確保 →P.82

ICT化

- 手書きの**事務作業をパソコン**でおこなう
- **園見学等の申し込みはホームページ**で受付
- **業務支援アプリを導入。**個人記録や連絡帳をパソコンやタブレットで記入

業務見直し

- **休憩を交代制**にして、**勤務時間と切り分け**

良好な人間関係づくり

- **保育者同士が話せる休憩時間**を、人員を1.5倍にしたタイミングで**しっかり確保** →Point 1・2
- **園長・主任もみな**同じ休憩室で**一緒に休憩** →Point 2
- **園長・主任クラス**には特に、**フラットな目線・関係性を意識**してもらう
- 全職員に**満足度調査を実施** →Point 3

Point 3 制度や職場の満足度調査を実施。結果の分析・対策・説明をおこなう

園の理念の共有　業務負担の軽減　良好な人間関係

開園2・3年目から、全職員に年1回、無記名での満足度調査を実施。働き方改革との相関を分析して、満足度が低い点については対策を講じ、どういう結果になったかまでの説明を、全職員におこなっています。同じ制度でもとらえ方が真逆になる場合もあり、すべての職員が満足できる働き方には限界が……。しかし、現場の声を聞き、努力や工夫をした上での方針を説明することで、納得感をもってもらうことができるように。

また、個別の口拭きタオルやスタイをなくして園で管理するなど、実際に現場保育者の声を生かした業務削減もおこなわれるようになりました。

保育者たちの意見から導入した制度

未就学までだった限定シフトを小学校1年時も選択可能に

育児中の保育者のために用意されていた、8時から18時までの間に働ける限定シフト。子どもが未就学までの制度でしたが、「小学校入学後すぐにその制度からはずれて、どの時間のシフトでも働くというのはむずかしい」という意見から、小学校1年時は希望制に変更されました。

Point 2 “抜ける”ありきの体制表で保育室から離れる時間をつくる

業務負担の軽減　良好な人間関係

1時間の休憩と、週休2日を前提として、保育室から抜けられる人員を確保した勤務体制を作成。はじめは園長・主任主導で、意識的に保育室からはなれる声かけをして、フリー保育者がしっかりと、いろいろなクラスで活躍するしくみを確立。徐々に現場主導で円滑に進むようになりました。

●体制表の一例　★は13：00〜14：50に事例話し合いで抜ける先生
（濃色の枠）はすべてフリーの先生

	午前	午睡	午後14：30〜
0歳	★ひとみ先生 8:15 出所時間 ゆか先生 10:30 出所時間 けんすけ先生 9:30-11:30 ふみえ先生 8:30 →	ひとみ先生 ゆか先生	ひとみ先生 17:15 退所時間 ゆか先生 19:30 退所時間 きょうか先生 16:00-18:00 →16:15
1歳	ともみ先生 7:15 出所時間 ★ゆきこ先生 9:15 出所時間 ほのか先生 8:45 出所時間 あみ先生 8:15 →	ともみ先生 ゆきこ先生 ほのか先生	ともみ先生 16:15 退所時間 ゆきこ先生 18:15 退所時間 ほのか先生 17:15 退所時間 →17:15
2歳	ひろみ先生 9:00 出所時間 ★ゆり先生 9:30 出所時間 ~~ゆき先生~~ 急なお休みの先生 てるみ先生 7:45 →	ひろみ先生 ゆり先生 ゆき先生	ひろみ先生 18:00 退所時間 ゆり先生 18:30 退所時間 ~~ゆき先生~~ ともこ先生 14:50-16:00 →15:00 りょうこ先生 16:00-19:30

担任保育者の勤務時間・研修や会議で抜ける時間・休憩時間を踏まえて、どのタイミングで、どのくらいの時間、フリー保育者が入るかをわかるようにした体制表。有休やシフトが反映された表に日々現場の判断で体制が記され、共有されます。

- 休憩は休憩室で、交代で1時間
- 研修・職員会議中の保育はフリーの保育者に

実例 **2**

保育者の要望は一旦受け入れて実践。〝働きやすさ〟を納得してもらう

社会福祉法人　山ゆり会

まつやま保育園

お話いただいたのは

理事長　松山圭一郎さん

園 DATA

1985年に創立、茨城県守谷市と龍ケ崎市で認可保育所を5園運営。子どももスタッフも居心地のよい「遠くても、通いたい保育園。」として、自然とのふれあい、五感を使った実体験を重視し、子どもの主体性、生きる力を育む保育を実践している。

園長1名／リーダー1名／保育士24名(うちフリー3名)　産休／育休中保育士3名

定員132名

改革前はどうだった?　**Before**

作業はほぼすべてアナログ

残業は当たり前

「結婚したら退職」の空気で離職率が17%

子どもはこの園に預けたい。
でも働くなら別の園がいいという声

これでいいのか? と改革を決意

仕事と育児の両立がイメージできない職場

「山ゆり会」が働き方改革に取り組むきっかけは2009年。異業種から法人に入った理事長が目にしたのは、保育業界で常態化していた働き方でした。残業が多く、自由に有給休暇がとれない。事務作業が多く、しかも手作業。こうした働き方にショックを受けたそうです。

さらに、結婚・出産のタイミングで離職する複数の保育者に「子どもはこの園に預けたいけれど、自分がここで働き続けるイメージがわかない」と言われる状況に。2013年に開園した園を起点に改革を実施。成功事例を法人全体に広げていくことをはじめました。

改革後こんな変化が

After

デジタルとアナログのハイブリッドで保育者の負担軽減

保育者全員にスマートフォンを支給。都合がいいときに作業できるようにしています。一方、手書きのほうが作業効率のいい日案の振り返りは印刷して記入するなど、使い分け。また、延長保育料などはキャッシュレス化し、現金を集めてかぞえる業務を廃止しました。

5歳児クラスリーダー
海老原摩吏絵先生

保育者は全員、無線のインカムを着用しています。はなれている先生とも情報共有できますし、大声を出して子どもたちの遊びを邪魔することもありません。手を借りたいときも、すぐに共有できて役立っています。

実践できている働き方

- 業務量の減少、ほぼ定時退所
- 休憩室で1時間の休憩
- 有休消化率99%
- 雇用形態を問わず特別休暇取得可能に
- 入職すぐから有給休暇あり
- 雇用形態を変えてもキャリアが途絶えない
- 離職率4～5%

柔軟な働き方が相談でき、キャリアが途絶えない

海老原先生

はじめは子どもが小さかったので、派遣会社を通じて、土曜日のみの短時間で勤務。2年経ち、園から直接雇用で声をかけていただき、条件もよくなったので同じ勤務で契約社員に。今は子どもも成長し、正職員になりキャリアアップできています。勤務時間や雇用形態など、保育者の要望に柔軟にこたえてもらえていると感じています。

保育者の主体性、成長への意識アップ。同時に変化も恐れない

保育者のスキルを6段階に分け、期待する仕事の指標を設定。できていること、できていないことを管理職も保育者も客観的にとらえられ、スキルアップや主体性につながるように。時代や法人の変化に対応できなければスキルアップがむずかしいことも浸透しました。

ほかにも…

職員の約2割が現場からの紹介者に

現場保育者が働きやすさを実感できるようになったことで、自身の知人に働く場所として「山ゆり会」を紹介してくれるようになり、今では、職員の約2割が「スタッフ紹介制度」で入職しています。人材紹介会社を頼る必要もなくなりました。

円満な離職。退所者の復職も歓迎

新卒保育者の離職理由がキャリアアップや新たなチャレンジなど前向きなものに変化。法人としても快く応援して送り出しています。離職後も良好な関係が続き、復職する保育者もいます。転職によって得たキャリアが、園にいい変化をもたらすことにも。

どんなことをおこなったの？

改革の中身と成功Point

Point 1 現場の保育者の要望を一旦すべて受け入れ

業務負担の軽減　良好な人間関係

「山ゆり会」では、定期的に保育者のアンケートや面談をおこない、働き方についての要望をヒアリング。法律や園の理念方針からはずれていなければ、あがってきた要望をすべて一旦受け入れる取り組みを実施しました。

しかしこんな問題も…

ベテラン保育者の抵抗感

フレキシブルな勤務時間・有給休暇の取り方、持ち帰り・残業なしなど、様々な働き方の要望を受け入れることに抵抗感を示すベテラン保育者も。「若い保育者にやさしすぎないか」「こんなに楽をしていいのか」という意見があがりました。

そこで

変えていくこと、よりよくしていくことが大切というメッセージを伝え続ける

「昔と違っても、みんなが働きやすくなっていませんか？」「保育者にとって居心地のいい園になっていませんか？」と振り返り、よりよくするために変えていく姿勢を伝え続けて保育者の意識を変えていきました。

実現したこと

- １時間単位で取得できる有給休暇
- 入職直後から有給休暇がとれる
- 雇用形態を問わず、特別休暇取得
- 退職者の出戻りを歓迎
- 副業・兼業の解禁
- ヘアスタイルはインナーカラーOK
- 契約職員にも扶養手当

など

山ゆり会で取り組んだこと

園の理念の共有

- **外部の講師**に入ってもらい、**1年間かけて**運営する5園の**園長とチームビルディングをおこなう。園の理念ややっていきたい保育を共有。お互いに意見を言い合える関係性をつくる**
- 5園すべてで**保育内容・使うフォーマット・仕事の手順を統一して平準化**
- **年3回の1on1ミーティング** →Point 3

業務負担の軽減

人員確保

- 国の基準の**1.5～1.8倍の配置**
- 人件費は、**自治体の加算や補助金を取りこぼしなく申請**して活用 →P.82

ICT化

- **自社サーバー・Wi-Fi環境を整え、パソコンを増やす**
- **業務支援アプリを導入**
- **集金をすべてキャッシュレス化**
- 保育者**1人1台スマートフォンを配備。無線インカムを着用**

業務見直し

- **行事を見直し、削減**
- **壁面装飾を廃止**
- **プール遊びをスイミングスクールへ外注**
- **園独自の研修以外のやらされ研修を廃止**。自主選択制に

良好な人間関係づくり

- 園長を含め**全職員の俸給表を提示** →Point 2
- **定期的に職員アンケート・ヒアリング調査**を実施 →Point 1
- **現場の意見を重視した採用** →Point 4

Point 2 役割を明確化して説明し、給与規定も見える化

良好な人間関係

働き方の多様化を図るのと並行して、保育者を含めた全職員の役割と給与を明確に提示することもおこないました。松山理事長の分まで記載された俸給表を入職時に渡して説明。どのくらいのキャリアで、どのくらいの給与がもらえるのかを理解してもらうことで、先を見通せ、不平等感の払拭にもつながりました。

- 決算や処遇改善加算、人件費率についても説明によって納得感をもってもらう

Point 3 年3回の1on1ミーティングで個人の成長、課題を伝える

園の理念の共有　良好な人間関係

賞与面談以外に園長との1on1ミーティングを年3回実施。園の設定した6段階のスキル指標をもとに、個々の成長した点・課題をともに考える機会、保育者の悩みや要望を聞きとる機会にしています。こまめな面談によって、コミュニケーションをとることも可能に。

Point 4 採用でのミスマッチが起こらないように現場の意見を重視

良好な人間関係

見学と同日に法人の説明をして、後日、丸一日の保育体験。さらに採用試験・適性検査・保育実地・面接を実施しています。採用では、保育実地を見た現場保育者の意見を重視し、現場のOKが出なければ採用を見合わせるほどです。採用のミスマッチからくる離職防止につながっています。

実例 3

保育環境設定を重視し、基準に近い人員配置で育休取得率100%を実現

株式会社 SHUHARI
元気キッズ
第二朝霞根岸台園

お話いただいたのは

代表取締役　中村敏也さん

園 DATA

2004年に認証型家庭保育室を開園。子どもたちだけでなく、周囲の大人たちも含めた多様なGENKIを認め合う保育を目指し、認可保育所だけでなく児童発達支援事業所も運営。地域に根差したインクルーシブ保育を実践している。

施設長1名／主任1名／保育リーダー1名／保育士16名（うちパート補助8名）

定員105名

改革前はどうだった？ **Before**

ピリピリした
保育現場に直面

家庭保育室から
スタート

ニーズが増え、少しずつ園を増やすも、
保育のスタイルに迷いや悩みが

離職率は30%
どうやって組織づくりしたらいいんだろう…

どんな保育をしたいのか？ しっかり向き合わなくては！

保育理念のブレが園運営に影響

身近な待機児童問題にふれ保育業界に関心をもった代表。「何かできることがあるのでは」と、異業種で働きながら専門学校で保育を学びました。自治体からの要請もあり施設が増えたものの、子ども主体とはいいがたい保育に違和感があったそうです。とはいえ保育に対する自信がなく、代表自身に迷いもありました。そして離職率は30%に。「目指したい保育は本当にこの姿なのか?」と立ち戻り、ビジョンの確立に着手。そして、子どもが笑顔で過ごせる保育所にするためには、保育者が楽しめる職場でなければと、働き方改革にも取り組みました。

改革後こんな変化が **After**

風通しがよくなり、「お互いさま」の精神で気持ちよく働ける

実感しています!

主任
塚田綾子先生

「しっかり対話をする」「礼節を大切にする」といった法人の教えが浸透し、風土としてできあがっているので、みんな気持ちよく働けています。施設長や代表が「大丈夫！」と受け止めてくれる安心感も、意見や不安、悩みを言いやすい雰囲気に。私も主任として、ほかの保育者が働きやすくなる声かけをするように心がけています。

実践できている働き方

- 業務量の減少
- 休憩室で1時間の休憩
- ノンコンタクトタイム導入
- 有休取得推進
- 育休復帰率100%
- 8年間新卒離職者ゼロ
- 入職すぐから有給休暇あり
- 離職率大幅減

問題が起こったときに対応しやすくなる

人として思いやりをもつことが法人の理念として掲げられているので、それにそぐわない組織・保育者の行動が目立つように。問題がないか、代表が聞きとりや視察をして、問題があれば改めて園の理念の理解を促しています。

また、保育者の配置換えなど、園の雰囲気をよくするための対応も速やかにおこなわれています。

常に園にいいことを考えるクセがつき、実際に生かすことができる

「今よりもいいことだったらすぐやってみよう、うまくいかなかったら戻せばいい」という行動指標も提示。2年目の保育者が企画した、新卒保育者との入職前懇談会を採用するなど、実際に意見が反映されています。キャリアに関わらず、自信をもって意見が言える空気感が生まれ、保育者の主体性も育まれました。

ほかにも…

休暇やプライベートの充実で人間力が高まり保育に生きるように

「仕事が好きだからたくさん働きたい」という仕事観の保育者を尊重しながらも、有休の取得・残業なしを推奨。自分の好きなことに費やす時間を大切にすることで視野が広がると考え、結果的に保育者としての魅力・質の向上につなげています。

「人間関係」が理由の離職が減る

園の雰囲気づくりを重視した取り組みによって、「職場の人間関係が合わない」という理由での、突然の離職が減りました。また、産業カウンセラーの資格をもつ職員が常勤して、心身の不調に対するケアも実施。場合によっては配置換えなどの対応をしています。

どんなことをおこなったの？

改革の中身と成功Point

Point 1 園の理念、保育者に求めることを明確にしてわかりやすく言語化

園の理念の共有　業務負担の軽減　良好な人間関係

第一に重視して取り組んだのは、園の理念を確立して、それを言葉にすること。基本としたい考えを、運営するどの園でも、どの保育者にもわかりやすく理解できるように「４つの約束」として示しました。この約束は園内に掲示し、いつでも振り返ることができるようにしています。また、評価基準にも入れて、約束の実践を保育者に求めるようにしました。

４つの約束

3

自分の意見を伝える

意見を言いづらい空気は、発言の機会を遠ざけてしまいます。意見を言える場面があっても、慣れていないために肩に力が入り、ますます敬遠されることに。円満円滑な意思疎通のために、しっかり伝えることも大切にしています。

1

人の話を聴く

医療的ケアが必要な子どもの保育もおこなっているため、保育者以外の専門職も多い職場。年齢・経歴が違う様々な職員同士、意思疎通を図るため、傾聴の姿勢も重視。意見が言いやすい雰囲気の土台になるとも考えています。

4

礼節を心得る

「見返りを求めない善意」「相手への敬意や感謝」をみんなが心がけると、お互いが気持ちよく過ごすことができ、よりよいサイクルも生まれます。このサイクルが園を起点にして地域に広がってほしいという考えに基づいています。

2

あいさつをする

面識のあるなしに関わらず、あいさつを交わすだけで雰囲気がよくなるもの。園を起点に、地域・社会にこうしたよい雰囲気が広がれば、仲間意識が生まれ、一体となって保育ができるのではという願い、考えが込められています。

SHUHARIで取り組んだこと

園の理念の共有

- 保育者に向けて、**「４つの約束」を提示**。評価基準にも入れる　→Point 1
- 若手・中堅・主任・施設長など**立場別にフォローアップ研修**をおこない、**理念の共有ができているか確認**　→Point 1
- 社員総会で代表の目指すものを説明　→Point3

業務負担の軽減

人員確保

- **採用面接で園の理念をしっかり説明**。ミスマッチを防ぐ　→Point 1

ICT化

- **業務支援アプリを導入**

業務見直し

- 壁面装飾を廃止
- 造形教室・体操教室は外部講師を招き外注
- 行政に提出する書類仕事は本部総務がおこなう
- 環境設定に力を入れた保育へシフト　→Point 2

良好な人間関係づくり

- **「相手の話を聴く」「意見を伝える」**ことを園の理念に置く　→Point 1
- **管理職の評価は「まわりの人、関連する部署がいかに輝いているか、働きやすくしているか」**であること　→Point 3

Point 2
環境設定に力を入れ、基準に近い配置でゆとりある保育を実現

業務負担の軽減

休憩やノンコンタクトタイムの確保に大きく作用しているのが、子どもたちが没頭できる環境設定。子どもたちが、そのときどきで興味・関心をもっている遊びや学びがかなうコーナー保育を導入し、環境づくりに注力する方向にシフトしました。その結果、基準に近い人員で、子どもたちがのびのびと過ごせる保育ができるようになりました。

- **コーナー保育**
  子どもの育ち、興味・関心を反映した遊具
- **プランニングボード**
  当日の遊びを自分で決定

Point 3
年2回の自己評価と、上長・本部評価、総会での目標設定で保育力アップ

園の理念の共有　良好な人間関係

園の理念を実践できているか、保育者自身と上長・本部による評価を年2回実施。特に管理職は、本人の能力ではなく、ほかの保育者や関連施設が、どれだけよいパフォーマンスを発揮できたかを評価基準としました。さらに、年1回の社員総会では、各園がその年度を振り返り、次年度の目標を発表。それぞれが課題感をもって、よりよい保育を目指すようになりました。

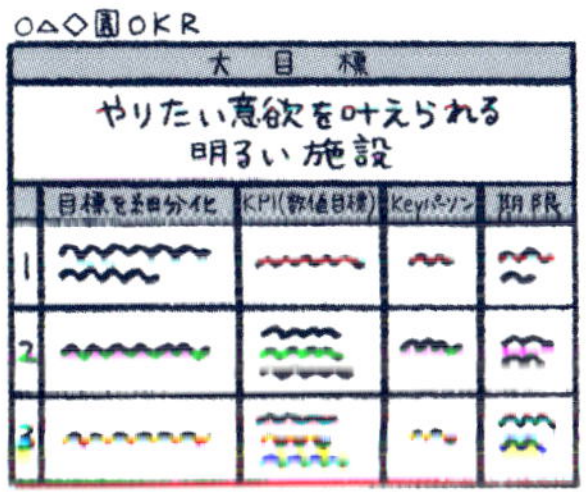

総会で発表する各園の発表は、保育業界では珍しい、目標設定の手法OKRを採用。具体的に最終的な目標を定めて、みんなが見てわかるようにすることで、達成できているか振り返ることができます。

さらに！

園の理念に共感してもらえる人材を集め、育てるしくみ

ホームページやSNSなどで代表の思いや考えを発信し、理念に共感して働ける人材に応募してもらうこと、採用時から理念をしっかりと伝えることを重視しています。それにより、ミスマッチによる離職を防止。さらに、新卒・中途いずれも、入職後1年目はていねいな研修で、理念の共有を図るようにもしました。

立場別の研修を年3回設け、理念を共有、浸透させる

法人の理念を提示するだけでなく、継続的に共有と確認をするようにしています。新卒保育者・中途入職・クラスリーダー・副主任・主任・施設長とそれぞれに年3回、独自でプログラムした研修を設定。法人の理念が浸透するように、毎回、伝え続けることをしています。

フィロソフィーブック

全職員に手渡している、法人の理念がまとめられた冊子。法人が目指すものを実現するために、どうふるまうべきかが端的にわかりやすくまとめられています。

どうしているのか気になる！

働きやすい園実現のための

“お金”のハナシ

第５章で紹介した３法人は、働き方改革を進めるにあたって保育者の増員、目指したい保育のための環境設定に力を入れていました。それをかなえるためには、予算確保や経費の使い方の工夫も欠かせません。どのような努力をしているのか、参考にしてみましょう。

1 得意を生かして楽しく節約

SHUHARIの場合

フリマアプリを活用して、保育者の“やりたい”をかなえる

「保育環境を整えるための経費は残さず使ってほしい」というのが法人の方針。とはいえ、財源には限りがあるもの。**いかに金額を抑えて、質のいいものを用意するかを自主的に考えています。**

元気キッズ第二朝霞根岸台園の小林友理施設長は、フリマアプリやリサイクルショップなどで探していたものを見つけるのが得意。「こんなおもちゃが欲しいから探してきますと施設長に相談すると、帰りには見つけたよ！ って連絡が入るんです。負けた〜、なんてやりとりがあります」と主任の塚田先生。「いいことはすぐやってみよう」の精神が経費面でも実践されています。

また、**サブスクリプション利用の印刷機を使い料金を抑える**など、本部でも経費削減の工夫をしています。

2 自治体の加算や補助金は余さず取りにいく！

小さな補助金でも、コツコツ積みあげる

予算捻出のために、自治体の補助金は全部取りきることを基本としています。例えばボランティアの受け入れ、小・中学生の職業体験、保護者支援のイベント開催など、**補助金が発生する細かな事業が自治体によって設けられており**、こうした事業を**きちんと調べ、地道に補助金を積みあげています**。

申請作業は大変で敬遠されがち。それでもやる価値がある

自治体の補助金や加算の制度・条件をきちんと理解して、申請から実績報告までの作業をおこなうのは煩雑《はんざつ》で、敬遠する法人も多いようです。松山理事長はそれでも**運営する5園分の申請を自らすべておこない、人件費比率7割をキープ**。大変だけれども、やる意味は大きいと**1円たりとも取りこぼさない努力をしています**。

こどもまんなかの視点で見る働きやすい園づくり

お話
こども家庭庁 成育局成育基盤企画課
教育・保育専門官
馬場耕一郎さん

働きやすい園づくりや、園の業務改善を推進する中で、一部の方から、「子どもよりも保育者を優先させるということですか?」「今まで子どものために使っていたリソースが減ってしまうのでは」と、ご心配の声をいただくことがあります。

これについては、少し誤解があるようです。そうした懸念は、子どもを思う気持ちから出たものだと推察しますが、園で働く人にとっての環境改善や業務負担軽減をすることは、決して、子どもの利益を減らしてしまうような、「子どもか保育者か」といったトレードオフのものではありません。

まず前提となるのは、**保育者は単に労働者というだけではなく、子どもに影響を及ぼす環境の一部**であるということです。保育の環境要因である保育者が、疲れていたり、イライラしていたらどうでしょう。それは、子どもにとっての環境としてよくないということがわかると思います。

子どもは、まわりにいる大人の微妙な変化も敏感に感じ取っています。特に乳児は、言語による理解はできなくとも、表情で感じ取る能力は大人以上です。保育者が膨大な仕事に追われ、硬い表情をせざるを得ないような働き方は見直されるべきです。

保育所保育指針の「養護」の項目の中には、「情緒の安定」についての記載があります。子どもに情緒が安定した状態でいてもらうためには、まわりにいる保育者も、情緒が安定した状態でいることが不可欠です。そのため、働きやすい園づくりを進めて、保育者の業務負担軽減をすることは、環境要因である保育者を疲弊させないためにも重要なことなのです。

逆に、保育者の働く環境が過酷なものであれば、次第に保育者は疲弊し、追い詰められ、本来であればしないような、「不適切な保育」という形で問題が表出することも考えられます。

また、**働きやすい園を実現した先には、保育者の定着が期待できます**。保育者が園に定着するようになれば、当然様々な技術の積み上げが可能になり、保育の質も向上していくことになります。

このように、働きやすい園づくりは、子どもたちにとっての利益につながることなのです。ともに手を取りあい、「こどもまんなか社会」の実現に向けて、園の環境改善を進めていきましょう！

働きやすい園づくりに役立つ サイトや相談窓口

あかるい職場応援団

https://www.no-harassment.mhlw.go.jp/

ハラスメント相談窓口の設置と運用に役立つ資料や、ハラスメントの裁判事例、ほかの企業の取り組みなどがまとまった、ハラスメント対策の総合情報サイトです。

働き方・休み方改善ポータルサイト

https://work-holiday.mhlw.go.jp/

働き方・休み方の見直しや、改善に役立つ情報を提供するサイトです。「働き方・休み方改善指標」のチェックリストで企業や社員向けの自己診断ができたり、様々な企業の働き方改革の取り組み事例を見ることができます。

スタートアップ労働条件

https://www.startup-roudou.mhlw.go.jp/

事業者のための労務管理・安全衛生管理診断サイトです。「労務管理・安全衛生管理WEB診断」や「働き方改革関連法セルフチェック」がおこなえるほか、36協定届や変形労働時間制に関する書面の作成支援ツール、就業規則作成支援ツールなどが活用できます。

育休復帰支援プラン策定のご案内

https://www.mhlw.go.jp/stf/seisakunitsuite/bunya/0000067027.html

中小企業が、自社の従業員の円滑な育休取得や職場復帰を支援できるように、「育休復帰支援プラン」策定に役立つマニュアルを見ることができ、育休支援面談シートや職員への告知用のリーフレット例などを活用できます。

総合労働相談コーナー

https://www.mhlw.go.jp/general/seido/chihou/kaiketu/soudan.html

職場のトラブルに関する相談や、解決のための情報提供をワンストップでおこなっています。労働者・事業者どちらの立場の相談にも対応してくれます。

働き方改革推進支援センター

https://www.mhlw.go.jp/stf/seisakunitsuite/bunya/0000198331.html

働き方改革関連法に関する相談のほか、労働時間管理や助成金の活用など、労務管理に関する課題について、社会保険労務士等の専門家に相談できます。

都道府県労働局
雇用環境・均等部（室）

https://www.mhlw.go.jp/kouseiroudoushou/shozaiannai/roudoukyoku/index.html

職場におけるセクシャルハラスメントや、妊娠・出産・育児休業・介護休業などに関するハラスメントの相談窓口です。都道府県ごとに設置されています。

労働基準監督署
労働時間相談・支援コーナー

https://www.mhlw.go.jp/stf/seisakunitsuite/bunya/koyou_roudou/roudoukijun/location.html

労働基準法や労働安全衛生法などの労働法規に準拠して、事業所の監督業務をおこなっています。時間外労働や有給休暇など、労働者の相談に対してどのような解決方法があるのか、アドバイスをもらえます。

著者紹介

木曽陽子

大阪公立大学現代システム科学域教育福祉学類、大阪公立大学大学院現代システム科学研究科現代システム科学専攻准教授。保育士・社会福祉士。

研究分野は特別支援教育・保育学・社会福祉学。主な研究テーマは、保育者の離職防止などの保育者支援、障がいのある子どもを含むインクルーシブ保育のあり方、保護者への支援など。

大阪府立大学大学院人間社会学研究科社会福祉学専攻博士後期課程修了。大学院進学後には、民間保育園の非常勤保育士や、療育センターで非常勤スタッフとして勤務しながら研究をおこなう。その後、関西国際大学講師・大阪府立大学准教授を経て、2022年より現職。

主な著書に『気になる子の保護者支援ー揺れ動く思いに応じた保育者のかかわり』（中央法規出版 2024〈単著〉）、『発達障害のある子へのやさしい「個別の保育・指導計画」作成ガイド』（明治図書出版 2024〈共著〉）、『保育士の早期離職を防止する園内体制の検討ーすべての保育士が生き生きと働き続けられる園を目指してー』（大阪公立大学出版会 2024〈単著〉）など。

「私、保育士辞めるのやめました！」

働き続けられる園づくり

2024年12月10日　初版発行

著　　者　木曽陽子

発 行 人　竹井 亮

発行・発売　株式会社メイト

〒114-0023 東京都北区滝野川7-46-1

明治滝野川ビル7・8F

TEL 03-5974-1700（代表）

製版・印刷　光栄印刷株式会社

ISBN978-4-89622-519-8 C3037

STAFF

デザイン／ことのはデザイン

イラスト／いだりえ

編集・執筆協力（第5章）／茂木奈穂子

編集／丸山文野